JN323176

子どもの未来をあきらめない

施設で育った子どもの自立支援

高橋亜美　早川悟司　大森信也

明石書店

はじめに

自立支援は、社会的養護における重要なテーマのひとつです。近年、子どもたちが施設を退所した後の様々な課題が明らかにされつつあります。しかし、それらすら氷山の一角なのではないかと思います。なぜなら、本当に困っている人の声は、なかなか世間には届きにくいのが世の常だからです。特に18歳（措置延長で最長20歳まで）以降、社会的養護の枠から外れ、自立していかなければならない現実。それは、私たちが想像する以上に困難なものであると、改めて認識しなおす必要があるでしょう。

この本は、いわゆる自立支援の施設職員用マニュアルとは一線を画しています。編集会議では「私たちが伝えたいこと、それはどうしたら伝えたい方々に届くのか」を熱く語り合いました。目的は？ コンセプトは？　対象は？　そして肝心の内容は……。同世代の共著者による忌憚《きたん》のない議論は、互いの意見に刺激され「私たちが目指す自立支援とはそもそも何か？」という話にまで発展しました。そして、その熱い思いを残しつつも、冷静かつ大胆にまとめ、最終的にこの形になりました。

大切にしているポイントはいくつかあります。まずは、現場の第一線にいる自分たちにしか書けない、子どもたちの現実を伝えることです。施設のことを知らない一般の方々にも、できるだけ分かりやすく。施設のことを知っておいてほしい関連機関、学校の先生や実習生となる学生、これから施設職員になろうとしている皆さんにも向けて。さらに、業界関係者の方々と現実を共有したい、一緒にこの課題に向けて取り組んでいきたい……。そのような思いが最初にあります。

それは、この問題を子どもたちの自己責任論で終わらせないという信念につながります。子どもたちが社会に出た後に直面する様々な問題を、他人事ではなく社会全体の問題として捉え、分かち合っていく必要があります。そのために、簡潔かつ明確なメッセージを届けることに心血を注ぎました。エピソードとして選んだテーマがネガティブなものが多くなったのも、綺麗事だけでは終わらせたくない、あまり多く語られていない現実を、しっかりと伝えたいという考えの結果です。

本書は、エピソードとかかわりのヒント、そしてコラムという形で構成されていますが、決して私たちの考えを押し付けようとしているものではありません。でも、一緒に考えてほしいです。意見や反論も大歓迎です。そして議論をしましょう。今はまだ無関心な人も無視できないくらいの、そして社会全体を巻き込むくらいの勢いで。子どもたちが本当に必要としているものは何なのか？　私たちに足りていないのは何なのか？　どうすればそれは実現できるのか？

この本を手に取った皆さんと一緒に、つながり、分かち合い、子どもたちの未来を支え合う仲間になっていることを期待しています。

児童養護施設 若草寮　大森信也

「社会的養護」と「自立支援」

「社会的養護」とは、「子どもを守るべき保護者が子どもを守ることが難しい状況になったときに、子どもを公の責任の下で保護する仕組み」とされています(1)。日本では約4万人の子どもがその対象となり、後掲の表1(111頁参照)にある分類の施設等で生活しています。

その中心となる担い手の児童養護施設には、約3万人が入所。第二次世界大戦の終戦を機に、戦災孤児の収容・保護にはじまった施設が大半を占めます。その役割は時代とともに変容し、現在は家庭で何らかの虐待を受けた子どもの保護が6割となっています。

設置根拠となる児童福祉法の対象は、18歳未満。満20歳までの保護継続を可能としていますが、大半は高校卒業、あるいはそれ以前での就労自立を強いられています。

本書のタイトルにもある、「自立支援」という単語。いまや、社会的養護の領域でも頻繁に使われています。その契機は、児童福祉法制定50周年にあたる1997年にさかのぼります。同法の改正で、児童養護施設の新たな役割として「自立を支援すること」が明記されました(2)。以来、現在に至るまで議論の対象とされてきたのが、「『自立』とは何か――」です。旧来、日本の社会福祉領域における「自立」とは、公的制度をはじめ他からの支援を受けていない状態を指しました。しかし次第に、支援を受けながらも「自立」はあり得ることが共通認識となりつつあります。

ひるがえっていえば、他からの支援を全く受けずに社会生活を送れる人間はいないということです。電気、ガス、水道、通勤電車をはじめ、さまざまな公共サービスが私たちの生活を支えています。利用者が多ければ、それは当たり前に存在する社会資源として認識されます。一方で、利用者が少ない社会福祉サービスや私的支援を受けると、そこにはスティグマや偏見が伴うこともあります。利用するサービスの性質によって「自立している」「自立していない」と二分することに確たる意味はありません。

本書でも、「自立」を他からの支援を受けるか否かで考えていません。子どもが子ども時代において、より自分らしく「いま」を生きる。自分の存在を肯定的に捉え、将来に展望を持てる。そのうえで、他者や社会と調和し、自己を実現していく。こうしたプロセスを、より重視しています。

そのための「自立支援」とは――。「自立」の前提として、子どもの「居場所」と「活き場所」を確保する。どんな時にも子どもの存在を否定せず、より適切な表現を共に探る。子どもの可能性と展望を見出し、子ども自身との間や支援者間で共有と具体化を目指す。こうした一連のはたらきかけを、日々の生活に一喜一憂しながらも決してあきらめずに積み重ねていく。そうした営みだと考えています。

児童養護施設 子供の家　早川悟司

†註

（1）「社会的養護の課題と将来像」社会保障審議会児童部会社会的養護専門委員会（２０１１）。

（2）児童福祉法第41条。

児童養護施設等の自立支援に関わる主な動き

1947	児童福祉法制定
1951	児童憲章制定
1994	国連・「子どもの権利条約」への批准
1995	全国に先駆け、大阪府で『子どもの権利ノート』発行
1997	児童福祉法第41条改正　「自立支援」が明記
1998	児童自立支援計画の策定義務づけ 『児童自立支援ハンドブック』（厚生省児童家庭局家庭福祉課）発行 東京都で自立支援指導員（非常勤）の配置
1999	東京都立施設で自立援助スタッフ（後に、自立支援スタッフ）配置
2000	苦情解決の仕組み導入・実施等の義務化 「児童虐待の防止等に関する法律」施行
2004	児童福祉法第41条改正　「退所後の相談・援助」が明記 家庭支援専門相談員の配置
2011	社会保障審議会児童部会社会的養護専門委員会「社会的養護の課題と将来像」 厚生労働省雇用均等・児童家庭局長通知「児童養護施設等及び里親等の措置延長等について」
2012	東京都で自立支援コーディネーターの配置

目次

I　子どもたちの物語

1…生まれて

●親への思い、家族関係

親なんか関係ない

「ご両親はどこにいるの?」
「親に頼むことはできないの?」
「どうして家族と一緒に住んでいないの?」

〝親、家族〞
どこに行くにも何をするにも、この単語が出てくる。
入学、就職、携帯の契約、アパートを借りるとき。
なんでもかんでも、親、家族。

さあ来るぞ、いつものお決まりのこの質問。

そのたびに、僕は大きく息を吸い込み、呼吸を整える。

平然とした顔をつくる。

手には汗をいっぱいかいているのに、心臓はバクバクしているのに、それを相手に絶対に悟られないように。

「平然とした顔で言うんだ」と、自分に言い聞かせる。


「親はいるけど、頼れません」と。

「家族は生きているけれど、どこにいるのかわかりません」と。


無表情で僕が答えたら、察してほしい。

もうそれ以上、聞かないでほしい。


それでも、しつこく、なんでなんでと聞いてくる奴らがいる。

「親なんか、カンケーないだろ」と叫びたくなる。殴りたくなる。

ガンガン、ドンドンと、僕のなかで大音量が鳴り始める。


僕の人生は、僕が成人しても、大人になっても、親がどうか、家族がどうかということに左右されるのだろうか。
いつまで僕の人生は、親に支配され続けるのだろうか。

親や家族がどうであれ、僕は僕だ。

僕は、やっと、親との関係を整理しはじめてきたのに。
世間が、社会が、それをぶち壊す。

親は？　家族は？　僕は耳をふさぐ。

かかわりのヒント

親を頼ることができないことでの弊害や負担は、施設に入所中よりもむしろ、退所後に突きつけられることのほうが多いと思います。

住居の契約、就職が決まったとき、入院や手術の手続き、様々な機会で〝連帯保証人・身元保証人・緊急連絡先〟等が必要とされ、多くの場合に親や血縁者がなることを求められます。

施設を退所した方たちは、そのたびに親や血縁者を頼ることができないことを相手側に伝えなければなりません。そこで、親や血縁者以外の方でと代替案を積極的に提案されることは少なく、親や家族が連帯保証人になれないことで、契約したい住居をあきらめたり、正規雇用の就労ができなくなる場合もあります。

様々な契約が、親や血縁者以外でも認められる仕組みができることが望ましいですが、その仕組みづくりを待つ一方で、社会に出てからいろんな場面で親や家族について問われることが多々あることを、入所中に子どもたちへ無理なく伝える必要があります。また、自身の家庭状況を説明することに困ったときなどは、施設で代弁や言葉添えをできる旨を、ぜひ知らせてあげてください。

事情を話すにとどまらず、親や家族を頼れないことで退所者が不利益を被らないために各所で交渉することも、大事な支援です。

親や家族が絶対的なものではなく、場合によっては距離をおいたり、縛られる必要はないことも、施設での生活のなかで考えたり整理できたりするといいですね。

自分に自信が持てなくて

●知的障害・発達障害、障害者手帳

僕はいつも何をするにも、人より遅くて、そのうえ、うまくできなくて……。どこの場所に行っても怒られてばかり、迷惑をかけてばかりを繰り返してきた。

施設に入所できたのは、中2のときだった。

ネグレクトが理由で施設に入った。お母さんは精神の病気で、家のことはほとんどなにもできなかった。掃除や洗濯、ごはんの用意は、5つ年上の姉がすべてやってくれていた。

その姉が住み込みの仕事で家を出てしまったことから、僕は施設に入った。

僕は得意なことがなにもなかったから、自分に自信がなくて、僕の心には、どうしていいのかわからない、という気持ちがいつもあって、とても苦しかった。
迷惑をかけないように、みんなより遅くならないように、失敗しないように、いつも緊張して過ごしてきた。

ある日、施設のお兄さんから、「障害者手帳」の話を聞いた。
はじめ、障害者手帳の話を聞くことは、僕にはピンとこなかった。

お兄さんは、
僕が「障害者手帳を持つことができるかもしれないよ」
と話してくれた。

まるで、障害者手帳を持つことがいいことみたいに話をした。
話を聞くうちに、自分が障害者の持ついろんな症状に当てはまると気付いた。

そして、すっと納得して、気持ちが楽になった。
僕がみんなと同じようにできなくても、
遅かったりしても、
それは仕方ないことだったんだと。
僕の特徴や特性でもあるんだと。

かかわりのヒント

施設に入所する子どもの、知的障害や発達障害のケースは、年々増加の一途をたどっています。

障害の有無に敏感になるということは、支援するうえでひとつ重要な視点かもしれません。ただ、障害の有無を判定するだけでは支援にはつながりません。

生活を共にする支援者が、それぞれの障害についての正しい知識を持ち、特性を知り、その学びが支援するうえでのプラスのエッセンスとなることが大切です。

「障害者としての支援を受けることができたら、この子は今よりも生きることが楽になったり、将来の選択肢が増えるかもしれない」と手帳の取得や特別支援学校への入学を支援の選択肢に加えていくことや、それらの提案を子どもにできることも大切です。

手帳を取得することをすぐに承諾する子もいれば、かたくなに否定する子もいます。

とおり一辺倒の説明ではなく、子どもたちそれぞれに理解しやすい言葉・伝え方・手法が必要です。何年もの説明を積み重ねて取得に至るケースもあります。

子どもたちが自分の適性を知ることや、持つべきものを持つことは、施設を退所したあとも生かされていくことです。特に知的障害者手帳は、20歳を過ぎて取得することは非常に困難です。施設退所後も、手帳をどのように利用するかは本人に委ねることができます。

障害名や手帳に縛られるのではなく、また、放置するのでもなく、自分の特性を大切にし向き合っていけるサポートができるといいですね。

◎コラム

アフターケア相談所 ゆずりは

アフターケア相談所ゆずりはは、児童養護施設等社会的養護施設を就労・就学で退所した方の相談所として、2011年に東京都小金井市で開所しました。児童養護施設と自立援助ホームを運営する社会福祉法人が運営母体となっています。2013年度からは東京都の地域生活支援事業の委託を受け、活動しています。

児童福祉法第41条では、「児童養護施設は、保護者のない児童、虐待されている児童その他環境上養護を要する児童を入所させて、これを養護し、あわせて退所した者に対する相談その他の自立のための援助を行うことを目的とする施設とする」と定められています。

各施設には、施設退所者が安心で安全な生活を送ることができるよう支援するという役割が責務としてあるものの、アフターケアはいまだ十分に行き届いていないのが現状です。

施設退所者は子ども時代の虐待のトラウマを抱え、退所しても家庭からの援助はほぼ受けられず、自分が働き続けないとたちまち生活が破綻する、さらには低学歴・無資格という幾重にも重なるハンディを背負いながらの社会生活を余儀なくされています。

日本社会では当たり前にあると思われている「親・家族」というセーフティネットを持

たない退所者たちは、過酷な社会生活を強いられてきました。

ゆずりはでの支援は、退所者が一人ではとても解決できないという問題を抱えてしまったとき、私たちが一緒に問題解決していくことを主たる支援として行っています。

具体的には、「今日住むところがない」「精神的に辛くて働くことができない」「パートナーから暴力をふるわれている」「多額の借金がある」「妊娠した」……等の相談を受け、退所者が在籍していた施設、弁護士・精神科医・警察・役所等の専門機関と連携し、既存の支援システムをフル活用し支援を進めていきます。様々な支援機関・支援者と連携をとることで、退所者に具体的で有益な支援を提供することを大切にしています。

相談の声が集まることで、施設退所者の状況や困難はますます明らかになっていくでしょう。今後アフターケアが充実していくことは、在籍時のインケアやリービングケアの質の向上と、社会的養護が担う役割や制度の見直しにもつながっていくことにも期待したいです。

（高橋亜美）

†アフターケア相談所 ゆずりは
http://asunaro-yuzuriha.jp/

●社会的孤立

ひとりは嫌いなのに…

生きることは、誰にとってもこんなに難しく、しんどいことなのだろうか。

僕は、決して死にたいわけじゃない。

でも、「ただ生きる」ことが苦しくて仕方がない。

この苦しみは、物心がついたときから。

家にいたときは、

父からの暴力を受ける毎日だった。

暴力を受けていたことしか記憶にない。

中1で施設に入ってからも友達はできず、誰ともうまくいかない。
気付くと、かんしゃくを繰り返し起こした。

施設で厄介者になって、母のところに戻ったけど、
安心して生活できる環境では全くなかった。

それから、いろんな場所を転々とする。
うまく物事が継続できたことが、一度もないのはどうしてだろう。

学校も、仕事も、友達とも、施設とも……。
暮らしていくことそのものが、僕にとっては困難で苦痛だ。

僕は、おかしいのだろうか?
障害なのか?
なにか人間的に欠落しているのか?
理由があるのなら、知りたい。
理由を知って、楽になりたい。

どんなに生きづらいと思っても、
死ぬことは選択できない。

僕は、いつもひとりでもがき苦しんでいて、
僕は、ひとりでいたくないのに、
僕は、いつもひとりだ。
僕は、いつもひとりぼっちだ。

かかわりのヒント

施設を退所した後に、孤独感、孤立感を強く感じ、社会に適応することが難しくなることがあります。そのためにアフターケアの重要性が叫ばれています。

アフターケアを適切に行うためには、入所中の準備が欠かせません。まずは本人にとって、施設が安心できる場所になっているかが重要です。そして、職員が信頼に足る存在となっているか。つながりを感じることができているか。当たり前のように聞こえるかもしれませんが、これらが揃って初めてアフターケアが有効に機能するようになります。

ここで一つ気を付けなければならないのが、職員の期待を過度に感じてしまい、失敗や悩みを相談できずに一人で抱え込んでしまうことです。これは施設にいる間に、しっかりと本人に分かるように伝えておく必要があります。

「どんなことがあっても、私たちはあなたを見捨てない。遠慮しないで何でも相談してほしい。できる限りのことを一緒にやっていきたい」。言葉だけではなく、子どもが実感できるようにするために、施設の生活そのものを一つ一つ見直していく必要があるかもしれません。

また、施設や職員とのつながりを土台にして、地域の方々、関係機関、ボランティア等、様々な場所や人とつながっていくことが、社会的孤立を防ぐことに役立つはずです。そのためには、施設そのものが地域や社会とつながっていることも重要となります。

退所の仕方によっては、子どもが施設に連絡することに引け目を感じてしまうようなこともあるかもしれません。そのような場合でも、何らかの形でその子とつながり支えていくことができるはずです。

俺が死ぬとき

●自殺願望、自殺企図

俺は、望まれないで生まれた。

「お前がいるから」って言葉は、母親に何万回も言われてきた言葉。

「お前がいるから、生活が大変だ」
「お前がいるから、落ち着かない」
「お前がいるから、恥をかく」

俺の居場所は、どこにもなかった。
学校でも、施設でも、俺は邪魔者扱いだった。
自分の母親に邪魔者扱いされるくらいだから、あたりまえか……。

時々、ものすごい怒りが俺のなかにわいてくる。
母親を殺してやろうと。
俺を邪魔者扱いするのなら、
なぜ俺を産んだんだ？

あの女、殺してやる。
そして、俺も死ぬ。
あいつを殺して、刑務所に入るのなんかまっぴらだ。

今日、殺したっていいんだ、
今日、死んだっていいんだ、
そう思って生きてきた。

でも、思っても思っても、なかなかできない。
俺の行動を阻むのは、
施設の職員、数少ない友人、バイトでがむしゃらに働いたこと。

こんな俺でも、
応援してくれる奴や、頑張った記憶や経験がある。

俺は死ぬとき、
施設の職員を、ゲーセン仲間を、
毎日ひたすら働いていた俺の姿を、
思い浮かべるだろう。

かかわりのヒント

支援者にとって、つらく悲しいことは多々ありますが、何とかして避けたいことのひとつに、関わった子どもの自殺があります。しかし、現実は私たちが想像している以上に、子どもの自立後の生活は、死と隣り合わせの状態に近いのではないでしょうか。

施設に入る時点では、多くの子どもが対人関係に課題を抱えています。知的能力の課題や、精神医学的な課題を併せ持っている場合も多いです。また、自己肯定感が低く、多くの生きづらさを抱えているとも言えます。

仕事で失敗する。上司に叱られる。出勤できなくなる。職を失う。住むところを失う。相談する人がいない。どうしていいかわからない。実際にはよくあるケースですが、この状態から脱け出せずに、鬱になることもあります。

こうなる前に相談してくれればいいのにと、多くの施設職員が思うところですが、子どもの側から言わせれば、相談できない理由があるのです。

「もしもあのとき相談してもらえていれば……」という後悔は、こと自殺に限っては、全く意味がありません。本人が自殺をするまでに自分を追い込んでしまうその前に、私たちに何ができるのかを、真剣に考え直す必要があります。

ちょっと困ったときに、気軽に相談できる関係が築けていれば、そのようなことにならないのは確かです。言うは易く行うは難しですが、施設をはじめとする社会的養護全体がそのようになっていけば、自立後の自殺という悲しい事件を、減らすことができるのかもしれません。

身近に起こりうることとして、皆で一緒に考えていきたい問題のひとつです。

●大学進学

夢を持っていいんだ

私は今、短大に通って観光の勉強をしている。
3年前までの自分を思い出すと、
今の自分が、夢のなかにいるような錯覚を起こしそうになる。

小さい頃から施設で過ごしてきた私に、将来の夢なんてなかった。

私が描いてきた未来は、

「18歳になったら施設を出て働いて、一人で生きていく」

それだけだった。


将来に夢や希望や期待を持っちゃいけない、と思って生きてきた。

だから、投げやりに生きるしかなかった。

投げやりに生きてたほうが、楽だったから。

高2のある日。
自立支援の担当とかいう職員が、いきなり現れた。
私がもう高校を辞めて、施設を追い出されるかってときに。
その担当が、
「5年後、どんな生活をしていたい？」と聞いてきた。
自分がしたいこと、していたい生活、就きたい仕事なんて、
考えてみたこともなかったから、そのときはなにひとつ答えられなかった。

でも、その担当は、
私が希望することを、根気よく聞き出してくれた。
気付くと、私は自分でも今まで気付かなかった（気付かないふりをしてきた）自分の夢に、思いを馳《は》せるようになっていた。

それから、必死に勉強をして、

学費の足しになるように、バイトも朝から晩までやった。
気付けば、観光科のある短大に進学していた。
夢のようだけど、夢じゃない。

かかわりのヒント

児童養護施設から高校卒業後に、大学や専門学校等の高等教育を受けられる人は、まだ少数です。施設で暮らす子どもたちは、先輩のほとんどが高卒以下の低学歴で社会に出て行くのをみているので、「そういうものだ」と考えている場合が少なくありません。けれども一方で、毎年大半の高校卒業生が、大学や専門学校へ進んでいる施設もあります。こうした施設の子どもは、上位校への進学に対して、これまた同様に「そういうものだ」と考えています。

つまり、子どもたちが大学等に進学するか否かは、個人の努力や資質以上に、置かれた環境が大きく影響するものと言えるでしょう。したがって、私たち施設職員には、子ども個人の努力を問題にする以前に、いかに子どもたちが力を発揮できる環境をつくれるか、といったことが問われていると考えられます。

既存の奨学制度はくまなく把握し、さらには大学等へ学費減免の申し入れをする等、より積極的な取組が求められています。

◎コラム

児童養護施設からの大学等進学

一般には「大学全入時代」といわれる今日ですが、児童養護施設から高校を卒業して大学や専門学校へ進学する者は2割程度です。高校卒業以前に、中卒や高校中退で社会に出ている施設出身者が3割程度いることを考えると、この割合はさらに低いものとなります。

つまり、大半の施設出身者は高卒以下の低学歴で社会に出て、就労や衣・食・住を一人で賄うことになります。こうした低年齢・低学歴での社会的自立が、非常に不安定で困難なものであることは明らかです。

これと相まって、施設で暮らす子どもの足かせとなっているのが「展望のなさ」です。「高校を出たら、直ちに就労自立をしなければならない」という呪縛は、子どもから「将来の夢」を描く発想さえ奪っています。「学校の先生になりたい」「カウンセラーになりたい」「○○技師になりたい」という願望は高卒では叶えられにくく、大学等の高等教育を受ける必要があります。

子どもたちも、中学生のころにはそのことに気づき始めます。結果、子どもたちは「職業」を積極的に考えることが難しくなります。高校を卒業する意味さえ見出せず、中退してしまう者も後を絶ちません。

児童養護施設の子どもたちが大学等に進学

するのが難しい最大の要因は、経済的問題です。児童福祉法では高等教育を補助の対象としておらず、親や親族から経済的支援を得られる子どもも極めて稀《まれ》です。

施設で生活する子どもの多くが、元の家庭での学習環境の不備、一時保護による学校教育の停止、施設入所にともなう環境の激変および転校といった、何重ものハンディを負っています。学習の意欲や能力も削がれた結果を、「学力不足」という個人の問題として見るのは適当ではありません。

施設にいる間から、学力の回復と、その先の展望の確保を併せて行う必要があります。

現在は、児童養護施設の子どもが大学等へ進学するのを助ける奨学金制度等も徐々に増え続けています。しかし、これらはまだまだ充分なものではなく、引き続いての拡充が望まれます。

そして、児童養護施設の子どもに限らず、経済格差が展望格差につながらない社会を目指していきたいものです。

（早川悟司）

●妊娠・出産、生い立ちの整理

この子を産みたい

私は去年、高校を卒業と同時に施設を退所して、飲食店で働きながら一人暮らしをしている。

親はいない。父は私が生まれるとすぐに家を出て行き、母ひとり子ひとりの母子家庭で育った。母は、私が小４のとき、置き手紙をして突然いなくなった。

私は父に捨てられ、母にも捨てられた。

私には、中学のときから、ずっとつきあっている彼氏がいた。彼の両親は私にとても優しくしてくれ、自分の娘のようにかわいがってくれた。

私の親のように子どもを捨てる親もいれば、彼の親のように赤の他人の私を大切にしてくれる親もいる……。
いつしか私の夢は、彼の家のような家庭をつくることになった。

そして20歳で、彼の子どもを妊娠した。気付いたら生理が来ていなくて、妊娠検査薬で調べたら陽性だった。喜んで彼に伝えたら、彼は困った顔で沈黙するだけだった。彼の浮かない表情にイラッときたけれど、彼はまだ19歳だし、ガキだし、仕方ないかなとも思った。

彼との子どもを産んで育てることを、彼の両親にきちんと話したいって思った。彼の親は、きっと喜んで応援してくれると思って。

彼の家に行き、彼の両親に妊娠したことを伝えると、
お父さんとお母さんは青ざめた顔をして「A美ちゃん、本当に産むの？」と聞いてきた。
その後は、とにかく中絶するための説得を延々とされた。
彼の親に、授かった命を祝福してもらえなかったことが、本当に悲しくて、つらくて、悔しかった。

私のからだでできた命を拒否されることは、自分自身も否定されているようにも思えて苦しかった。

〝私の誕生〟は誰からも喜ばれず、祝福されないものだった。自分が親から捨てられたのは、自分が望まれて生まれてきたからではないからだ。そんな気持ちでいっぱいになると、私はなんとしてでも、「この子を産むんだ」という気持ちだけが強くなっていった。

この命を殺してしまうくらいなら、私も一緒に死んでしまいたいと思うほど、産みたくて産みたくて狂おしくなった。この命を守ることが私の責任だし、この子の味方は、私しかいないのだから。

かかわりのヒント

妊娠の報告を、喜んでできる退所者ばかりではありません。むしろ、子どもを産んで育てることができる状況が整っていない退所者の方が多いかもしれません。

在籍時から妊娠をした（してしまった）報告と相談を、施設に安心してできる信頼関係を密に築けることが望ましいですね。そのために、性教育や性（生）、命について語り合える施設の風土があることが大切です。命の尊さや神秘を伝える一方で、避妊に関する知識や子どもを育てていくことの現実的、かつ具体的なエピソードも共有できるとよいと思います。

妊娠した退所者に、その状況とどう向き合いどう扱っていくかを一手に背負わせるのはあまりに過酷です。**「産むか産まないか」はさておき、「妊娠したらまず安心して相談しにきてね」というアプローチを心がけたいですね。**

ケアワーカーが、出産や中絶に伴うリスクや経済的負担がどれくらいとなるかなどの知識を持ったり、産婦人科に関する情報を集めたり、病院とのつながりがあることが、支援をするうえで非常に役立つ効果的なものとなります。

また、A美さんのように、自らの存在意義と授かった命とを重ね合わせてしまう方や、妊娠・出産を通じて自身の生い立ちをリセットできると傾倒してしまう方も少なくないように思います。

最後に、施設退所者が妊娠した場合、手術の費用等の経済的リスクと、同意書や緊急連絡先などの対応が必要になることは非常に多いです。今まで扱ったことがないと支援を断念するまえに、地域の女性相談や生活福祉課の窓口、アフターケア支援機関などに、問い合わせをしてみてください。

「産まれてくる子どもの幸せ」を客観的な視点でみつめ、考えていくためにも、当事者の方々が〝あなた自身がかけがえのない存在〟と大切にされ、ねぎらわれる経験を、子ども時代からひとつでも多く積めることが大切です。

●性的虐待

生きることの意味

母は、未婚で私を産んだ。
家には、いつも誰かしら、母が付き合っている男がやってきた。

小5の頃、いつも家に泊まりに来る男がいた。
夜、灯りを消すと、そいつは私の布団に入ってきた。
私は、ただただ、男の行為が終わるのだけを待った。

なんで生まれてきたのか、なんで生きているのか、
全くわからないまま日々を過ごした。

ある日思い切って母に、男からされていることを話した。

「なんてことしてるの！」
母は激情して、私を殴った。

ここでは、生きていけないことだけはわかった。
交番で相談をしたら、児童相談所へ連れて行かれて施設に入った。
中学を卒業するとき、児童相談所のケースワーカーが面会に来た。
「そろそろ、家に帰らないか」と。
施設の職員もよく言っていた。
「なるべくなら、施設はない方がいい」「子どもは家庭で育つべき」だと。

「家庭」って、いったい何？
あの、死んだような毎日に、もう一度帰れと？

担当職員が一人、
「家になんか帰らなくていい」「高校卒業までここにいろ」
と、言ってくれた。
この春、私は高校を卒業して、一人で施設を出る。
生まれた意味も、生きている意味もわからないけど、
死ぬ勇気もないから、その日その日を生きていく。

かかわりのヒント

児童養護施設に入所する子どものうち、性的虐待があったとされるのは４パーセントほどです。しかし、これらは加害者も被害者も事実を表明することが稀《まれ》であり、実態としては何倍もの事案があるものと考えられます。

性的虐待は、子どもの存在そのものを否定する行為です。子どもは人格を無視され、感情を否定され、性的欲求のはけ口として、すなわち「モノ」として扱われます。

その被害を受けた子どもは、「自分にも問題がある」「自分には人としての価値がない」と思わされている場合が少なくありません。

徹底して、「あなたは決して悪くない」こと、「あなたは価値ある大切なひと」ということを伝えなくてはなりません。そして、施設入所後は被害の再発防止に向けて、ＣＡＰ等のプログラム導入も検討すべきでしょう。

その前提として職員に欠かせないのが、適切な人権擁護感覚

と科学的な性知識を身につけることです。日本では公教育のなかで、これらが著しく不足しています。一方で、暴力を伴う性描写等、有害な情報は社会に氾濫し、市民の性意識を歪めています。

性被害は、被害を聴き取った者からの不用意な反応（「本当なの?」「あなたにも原因があるんじゃないの?」等）が、二次被害を与えることがあります。支援者は、自らが必要な教育を受けていない可能性が高いことを自覚し、新たに一から学ぶ謙虚な姿勢が必要です。

●服役、身寄りなし

火をみると落ち着く

施設を退所して、一人暮らしを始めた頃、
孤独や不安で、押しつぶされそうになったとき、
火をみると、自然に心が落ち着いた。

一人でいるときの孤独。
これから、自分はどうなってしまうのだろうという不安。
過去に、父親にふるわれ続けた壮絶な暴力。
こんなことで気持ちがいっぱいになると、
僕の心は、火を求めた。

気が付くと、

マッチやライターが手放せなくなっていた。
家で、火をみて落ち着いていたのが、
職場のトイレや、仕事からの帰り道でも、
火をみないと、落ち着かなくなった。

そのうち、僕は、
もっと大きな燃える炎を求めるようになっていた。

まもなくして、
放火犯として警察に捕まり、
はじめて、刑務所で服役した。

服役は3度目にもなる。
年齢も、あと何年かで30歳。
僕には身内がいないし、誰か連絡をとったり、
頼るとしたら、高校卒業まで過ごした施設しかなく、

手紙を書いたり、連絡をとろうとしたけれど、
すべて拒絶された。

放火犯として服役している人間なんか、
拒絶されてあたりまえか。

刑を終えても、
僕には戻る場所もないし、
待っているひともいない。

かかわりのヒント

現状として、社会的養護の施設退所者の服役率などの公的なデータはなく、実際の確かな数値は出ませんが、過去のトラウマや、退所後の困難な状況が重なり犯罪を犯してしまい、服役している施設退所者は少なからず存在しています。

施設を退所した方が犯罪者となった場合に、施設からの支援に結びつかない場合があります。そもそも関係が途絶えてしまっている等、理由も様々でしょう。ただ、親、家族を頼ることのできない退所者にとって、出身施設や職員は唯一の拠り所となる存在ではないでしょうか。

何よりもつながりを続け、退所者を孤立させないことが大切です。**反省のできない悪人が犯罪を繰り返すのではなく、社会復帰しても、支えとなる場所や人がない方が再犯を繰り返してしまうのです。**

思わず目を背けたくなる現実を、共にみつめ、乗り越えていくこと。ほんのわずかな一助しかできないとしても、できるなにかが、私たちケアワーカーにはあるはずです。

◎コラム

「支援者」としての私の原点

私が社会的養護の支援者として働きはじめたのは29歳の頃でした。

新卒で施設の職員になる方が多い中、私の支援者としてのスタートは少しゆっくりだったように思います。

大学で児童福祉を専門に学んだものの、福祉の仕事に就くことに一歩がふみだせず、大学を卒業してからも自由きままにやりたいことをやってきました。自分のやりたいことを探求していく一方で、学生のとき、実習先の自立援助ホームで出会った子どもたちのことがいつも心の片隅にあり、ずっと忘れられずにいました。

実習先だったのは、後に私が勤めさせてもらうことにもなった自立援助ホームあすなろ荘でした。

今振り返ると半年間のあすなろ荘での学びは、私の支援者としての礎《いしずえ》となるかけがえのないものとなりました。あすなろ荘での実習体験がなければ、私は社会的養護の支援に携わっていなかったと思います。

当時のホーム長、スタッフ、あすなろをサポートしてくださる方々が本当に魅力的でキラキラしていました。こんなにハツラツとした大人に出会ったのも初めてだったかもしれません。とても大変な仕事をしているのに、スタッフのあふれるバイタリティと満ちあふれるような自信に、実習に行くたびに元気と刺激をもらいました。今まで私の先入観にあった福祉現場の暗い・重いイメージも一気に払拭されました。実習では、〝子どもたちへの支援〟というよりも、自分の生きてきた道・自分の生き方や考え方・価値観を問われ、自分自身とどっぷり向き合う作業をさせてもらったように思います。

そして当時あすなろ荘に在籍していたMさんとの出会いが、あらゆる意味で私の「支援者」としての原点となったように思います。

出会った頃のMさんは、ついこないだまで中学生だったあどけない表情の本当にかわいらしい女の子でしたが、週6日、朝から晩までパン工場で過酷な労働に従事していました。「生きていくために働く」15歳の彼女が課せられた生き方でした。

彼女は生まれて間もなく両親が離婚し、父子家庭で育ちました。父によるネグレクトと4歳年上の兄からの暴力を日常的に受ける毎日でした。

家のなかはごみでいっぱいの状態、何年間もお風呂にも入らない、歯も磨かない、学校に行くと〝ばい菌、臭い、汚い〟といじめられ、Mさんが安心して過ごせる場所は家にも学校にもありませんでした。

彼女が保護されたのは小6になった頃でした。

実習の課題でMさんに「児童養護施設で生活するようになって一番嬉しかったこと」を質問する課題がありました。〝お兄ちゃんにもうボコボコになぐられない〟〝おなかいっぱいにご飯がたべられる〟〝お風呂に入れる〟……きっとそんな答えを返してくれるのだろうと私は勝手に回答の予測をつけていました。

けれど、Mさんの答えは意外なものでした。

〝私が施設に入って一番嬉しかったことは、靴下！〟と答えてくれたのです。

「靴下」という回答に私は一瞬驚き、なんで靴下？と思いました。

〝11歳のとき靴下を生まれてはじめてはいて、チョー嬉しかった！　ずっとはきたかったけど、家に靴下なかったし、靴下はかなくても死ぬわけじゃないからいいじゃんって自分に言い聞かせてたの～〟

じっくりMさんの話を聞いていくうちに、Mさんが伝えてくれた「靴下」という答えに込められた彼女の想いが、からだのなかにぐんぐんと沁み入っていきました。

靴下をはくことも、歯をみがくことも、おはようや、いただきますということも、暗くなったら電気をつけることも、ありがとうと感謝したり、ごめんねと伝えることも……。

私たちがあたりまえにしている行動・言動・思考のすべては、日々の生活のなかで育まれて取得してきたものだということを私はそのとき初めて肌身で感じました。

虐待の被害というと、殴られる、暴言をはかれる、ご飯を食べさせてもらえない、劣悪な環境に住むなど加害的なイメージが初めに浮かぶと思います。

でも、虐待されるということは、加害されることにとどまらず、育まれるべきものが育まれない、さらには子ども自身が本来もっている可能性や資質や素質が奪われることでもあります。

私はMさんが子ども期に、育んでもらえなかったこと、奪われてきたことの甚大さを思うと、想像することから逃げ出したくなりました。逃げようとする自分の弱さと、自分の存在の無力さを強く自覚もしました。

私の実習は抱えきれない課題と想いでいっぱいのまま終わりました。

実習から数年後、私は実習時に抱えた課題と子どもたちへの想いに向き合うことを決意してこの仕事に就きました。

そして今、支援者としての年数は重ねてきましたが、上がったり下がったり、行きつ戻りつのなかで日々奔走しています。

支援のなかで出会ってきた子どもたちは、大切な子ども期を加害され、育まれず、奪われてきました。

私は今までの支援を通じて、虐待からの回復がどれほど難しく、どれほど大変なことか、また親や家族の支えなしにこの社会で生きていくことがどれほど困難を強いられることか、これでもかというほど突きつけられてきました。きれいごとは言えないし、万能な支援方法もありません。

私たち支援者は、子どもたちが加害されてきたことを手当することはもちろんのこと、子どもたちが育くんでもらえなかったこと・奪われてきたことにも目を向け、想いを馳《は》せることをあきらめない存在であらねばと思います。

また、子どもたちの命を育み担う者としての責任と誇りが持てなければ、傷ついた子どもたちの心に寄り添うことなどできません。私たち支援者が希望を持ち続ける存在でなければ、子どもたちが夢を抱くことや希望を持つことはできないでしょう。

私は「子どもの未来」を決してあきらめません。

（高橋亜美）

2…居場所を探して

●親への思い、生い立ちの整理

もう親はいないと決めた

僕を産んだ人間はいるけれど、
僕の親は存在しない。

僕を産んだ人間は、何度も何度も、僕を裏切ってきた。

施設での生活のなかで、
交わされてきたいくつもの約束。
「面会できる、帰省できる、家で暮らすことができる」
それらは、いつも裏切られた。

新しい約束事ができるたび、

僕の期待がどれほどだったか。
きっと、誰にもわからない。
「次こそは、次こそは」と期待して、
やっぱり、また裏切られる。

僕は、怒りと憎しみと悲しみと、
こんな親なんか求めたくないのに、求める気持ちで、
頭も体もが、おかしくなりそうになった。
心臓がえぐられるような、張り裂けそうな気持ち……。

この苦しみから逃れるために、
僕は、「もう親は存在しない」と決めた。

僕のなかで、親の存在をなくしたら、
いくぶん気持ちが楽になった。

親だけど、親じゃない人に期待するよりも、

自分が親になることや、
家庭をつくることに、
期待している。

かかわりのヒント

自分がなぜ、どのように生まれてきて、これから何をして生きていくのか。自身のアイデンティティを確立しようとするとき、親の存在を抜きに考えることはできません。

親とはなにか。自分とはなにか。親にとって自分は。自分にとって親とは。これらの問いに、多くの施設経験者は苦しみます。

なぜ自分は、施設で生活しなければならなかったのか。施設を出た後は、どんな生活が待っているのか。説明を受けても、理解できないかもしれません。また、理解したとしても、納得できないということもあります。

施設生活が長く、理想と現実がかけ離れてしまっている場合、理解や納得をすることは困難を極めることもあります。施設職員は、これらの苦しみを受け止め、共に考え、悩みながら、一緒に生きていく必要があるでしょう。

施設生活中には、そういう話をすること自体、心の準備ができないかもしれません。逆に、親と話ができて納得できる機会があるかもしれません。もしかしたら、自分が親になってはじめて気付くのかもしれないし、親が亡くなったときなのかもしれません。

この世に生を受け、自分の存在を大切なものと気が付き、自分なりに充実した人生を送るために、彼らがどのような支援を必要としているのか。もう一度、自分たちの関わり方を問い直してみる必要があるでしょう。

●学力問題、学習支援

勉強なんて大嫌い

私は、勉強が嫌いだった。

私は、勉強が大嫌いだった。


学校に行って、授業を受けて、先生の話にワクワクしていたのは小2くらいまでだったように思う。


だんだんわからなくなって、気付いたらもう全然わからないという感じ。

だから授業はいつもつまんないし、孤独な気持ちになった。

クラスメートが一生懸命に勉強してる姿をみると、めちゃくちゃにしてやりたくなったりもした。

私だけ授業についていけないのは、仲間はずれにされたような気持ちで、先生も一緒に私を仲間はずれにする……。そんなふうにしか思えなくなってしまった。

できないことが、わからないことが、みじめで恥ずかしいから「勉強なんかダッセー」とか、「まじめに塾とかキモッ」とか、そんなふうに虚勢を張るしかなかった。

勉強ができないからって、小さくなっていたら私の居場所がなくなってしまうから、自分がいられる場所を必死に守ろうとしてた。

児童相談所に保護されたのが、中1のとき。

その後入所した施設の職員に進路のことを聞かれたとき、

「勉強嫌いだから、働く」と言った。

職員は私に聞いた。

「勉強嫌いなのはなんでかな？」

「馬鹿だからに決まってんだろ！」「勉強ができないからに決まっ

てんだろ！」と、私はキレてしまった。

職員は、キレはじめた私に、きっぱりとした口調で言った。

「あなたは馬鹿じゃない。勉強ができないのは、安心して勉強にうちこめる環境がなかっただけのこと。あなたは馬鹿じゃない」と。

私はそんなふうに断言されて、びっくりした。

こいつは何を言っているんだろう、と正直思った。

でも、職員が言った「あなたは馬鹿じゃない」という言葉と、「勉強ができる環境がなかっただけ」という言葉が頭から離れなくなった。

それから、私はもう一度勉強をはじめた、小2で習う九九から。

高校を卒業して、大学に進学することができた。

将来は教師になりたい。私のような落ちこぼれや、家庭がぐちゃぐちゃぐちゃで、勉強どころではない生徒のサポートをしたい。
「あなたは馬鹿じゃないよ」と、強くあたたかく伝えられる教師になりたい。

かかわりのヒント

子どもたちには、教育を受ける権利があります。学ぶことが子どもたちの本分である、といっても過言ではありません。子どもの暮らしのなかには、勉強にまつわる問題や課題がついてまわります。

家庭が安心して過ごせる場所でなかった子どもたちの多くは、学ぶ時間を確保することができず、学ぶ意欲をも削がれてきました。勉強ができない・不得意な子どもたちが、なぜそうなのかを探る視点も学習支援をしていくなかで必要とされるでしょう。安心して学べる家庭環境でなかった、知的障害、発達障害があるかもしれないなど……。

勉強を毛嫌いする背景にあるものを理解し、整理して、本人の能力に合わせた支援と能力を引き出す支援が必要です。

学習を専門にサポートしてくれる指導者やボランティアとも、子どもたちが学ぶことに抱いているコンプレックスを十分に理解し、共有しあうことが必要ではないでしょうか。

◎コラム

「家庭的養護」における「ホームづくり」

近年、かつての大規模収容型の施設養護が見直され、いわゆる「家庭養護」や「家庭的養護」(1)への移行が進められています。同時に、以前の紋切り型の日課やルールから、個別化されたケアの推進も重視されています。

筆者自身も以前勤務していた施設で、グループホーム(2)の設置をはじめとした生活単位の小規模化に関わってきました。その中で、ケアの個別化と同様に大切なのが「ホームづくり」、つまり生活集団の意図的な関係構築だと考えています。

「生活集団」などというと、時代錯誤のように感じられるかもしれません。しかし、現在の施設養護やファミリーホームの最小規模は、5~6人の子どもによるものです。ひとりひとりの子どもに職員がどのように関わるか、ということと同様に、子ども同士がその生活集団の中でどのように影響をもち合うかという視点を欠くことができません。

「家庭的」とは、何なのか。形態のみならず、機能を考える必要があります。ひとつの参考例に過ぎませんが、筆者があるグループホームの新規設置に伴って、子どもや職員と共有してきたことを紹介します。

開設準備期

当時、大舎制だった本園の中で、候補の子どもを選定しました。小学生から高校生までの男子6人。職員の一人勤務が多く、密集した都心の住宅地でのグループホームです。行動上の問題が少ない、施設での適応状況の良好な子どもを選ぶのが一般的でしょう。しかしその6人は、当時の施設長が「私なら決して選ばない子ばかり」と評した、何かと手のかかる子どもたち。私は施設長に、「え、そうですか？」ととぼけて返しながらも、彼らの変化にある種の確信をもっていました。

都心の一等地での物件確保には、泣けるほど苦労をしました。それを察した後援会の建築士の方が協力を申し出てくださり、おそらく日本一小さなグループホームが新築されることになりました。

着工から入居まで、約半年を要しました。基礎ができて、徐々に家が建っていくのを子どもと日々見ることができたのは、きわめて貴重な体験です。その傍ら子どもと職員間で、どのようなホームにしたいかをじっくり話し合うことができました。

意図的な「ホームづくり」

もっとも重視したのは、食卓づくりです。食卓こそが、家庭的養護の軸だと考えました。大舎制の本園では、調理場でつくられた料理を当番の子どもが配膳をしていました。食べ終えれば、各々自分の食器を自分で片付けます。

「当番だから」。「自分のものだから」。本園で当たり前の文化に、筆者はかねがね疑問を感じていました。旧来、大人の手が足りない施設養護で致し方なく子どもに負わせたものが、「自立のための訓練」として正当化されていた観があります。日課もルールも守り、そつなく施設生活をこなしていた子どもが、いざ社会に出たら適応できない。そんなことも幾度となく目にしました。それは、なぜなのでしょう。

伝統的な施設の生活では、決まったことを決まった通りにすれば良しとされる。逆に良かれと思っても、決められていないことをすれば、非難さえ受ける。自主的に場を見て考えるより、ただ与えられた当番やルールに従った方が無難です。これでは、子どもの社会適応能力は育ちません。

新しいホームでは、食卓は皆で準備しました。食事は、極力そろってとるのが約束です。おかずは、主に調理した職員が盛り付けます。盛り付けられた皿を見た子どもが、「おぉ！」と感嘆すれば、心中「してやったり」です。子どもが自分で盛り付けることより、この「おぉ！」を積み重ねることを大事にしました。子どもは、やらされたことより、してもらってうれしかったことの方が身につくものと考えています。

テーブルの上を片付けて、拭いて、ご飯や味噌汁をよそい、箸を並べ、お茶を注ぐ。それぞれ自己完結するのでなく、誰かが皆のご飯をよそっていれば、自分は皆の味噌汁をよそう。そうして、場と状況を見て、皆で食卓を整える。そして互いに「ありがと」「サンキュー」が増えていく。

休日の朝食後は1人1か所、共有場所の掃除をしてから遊びに出かけることにしていました。次第に職員が促さなくても、「おれ、風呂」「おれ、一階トイレ」と子どもが自主的に掃除をしました。午後、宿直入りで出勤すると、すでに子どもが大量の洗濯物を畳んでいてくれたこともしばしば。そうすれば、職員がキャッチボールの時間を捻出できることを知っているからでした。

華美でなくてもインテリアに気を遣い、職員も子どもの登校後はムキになって掃除をしました。小さい家なので、ちょっと頑張れば全フロアをピカピカにできます。こうしたホームづくりを、大人も楽しんでいました。

本園で険しい表情の多かった子どもたちに、みるみる笑顔が増えました。私にとっても、この仕事に就いて10年間想い描いたホームを実現できた7か月でした。

しかしその後、私が異動で離れるとホームの方針は一変。大切にしてきたものを、職員が替わっても引き継ぐことの難しさを感じました。

「ホームづくり」とは、業務と支援の標準化に他なりません。すべての子どもと職員による十分な話し合いを経て運営方針を策定し、隔たりなく実践していく。そして、一定期間で同じく子どもと職員で振り返る。こうしたプロセスの重要性に改めて気づかされる経験でもありました。

（早川悟司）

†註

（1）国は現在、社会的養護の類型を「家庭養護」（里親・ファミリーホーム）、「家庭的養護」（グループホーム・小規模グループケア）、それ以外の「施設養護」に分類している。

（2）グループホームは、東京都では国に先駆けて1985年から「施設分園型グループホーム事業」として制度化された（1982年より試行）。国制度では、「地域小規模児童養護施設」が2002年から制度化。現在は、「小規模グループケア地域型ホーム」（2009年より）も加え、3つの類型がある。

漂うように生きる

●犯罪、社会的孤立

俺が施設に入ったのは、14歳のとき。

家にいたら、親父にボコボコにされるだけだったから、家には、ほとんど帰らなくなってた。

俺の居場所は、居場所のない奴らと、外でたむろうことだった。

それしか、生きてく方法がわかんなかった。

施設で、一からやり直そうと本気で思ってた。

部活入って、彼女つくって、勉強もそれなりに頑張るつもりだった。家にいた頃はできなかった、フツーの中学生活をしたかった。

でも、何をやってもうまくいかなかった。

高校はどうにか入れたけど、結局、1年も通わないうちに中退になった。

施設でのイジメは、あたりまえにあった。俺は自分がやられないことだけを考えて立ち回っていた。俺にとって、脅威は職員よりも、施設を支配しているアイツだった。アイツの命令ならなんでも聞いたし、すすんで悪者になった。

俺が起こしていた（と思われてた）悪事が重なって、俺は施設を追い出された。

職員は「家庭復帰」なんて言ったけど、

俺にとっては、復帰でもなんでもない。

高校中退で、また、あのクソ親父の家に無理やり戻されただけ。

何年かして、久しぶりに職員に会ったのは、刑務所のガラス越しでだった。

職員が面会に来てくれた。

懐かしかったし、わざわざ来てくれたことが嬉しかった。

なんでこんなことになったのか、職員に話したけど、
話すうちに、なんで俺は刑務所にいるのかわかんなくなった。
刑務所は、思っていたよりも怖いところではなかった。
施設出身の人が、自分以外にもたくさんいて驚いた。

犯罪したから、皆入ってんだけど、
俺みたいに、よくよく考えたら何が原因で犯罪したのか、
わからなくなる奴、いっぱいいると思った。

でも、もうここには二度と来ないようにしたい。
俺はこれから……
もう二度とここには来ない人間になれるのかな。

かかわりのヒント

施設に入所する子どもの多くは、何らかの生きづらさを抱えています。それが、他人に迷惑をかける行為として表現されることも多く、自立後もそれが継続される場合、社会的に孤立していく傾向があります。入所中の問題行動により、施設にいることができなくなるケースでは、さらにその可能性が高くなるでしょう。

彼らの多くは、自分が困ったときに誰かに助けを求める方法を身につけていません。また、わかっていたとしても、その通りに行うことができないことも多いのです。本来ならば、本当に困ったことになる前に、誰かに相談できればよいのですが、様々な理由によりそれができません。

しかしここに、児童養護施設の現実として、ひとつの矛盾があります。本来ならば、最も養護を必要とする子どもほど、施設に居づらい状況になりやすいという事実です。確かに施設のなかで迷惑行為をやめられない子どもは、施設に居続けること

は難しくなっていきます。しかしそのままの状態で、社会に出すことは問題の先送りでしかありません。

放っておけば、犯罪者になる可能性が高い子どもに、そうなる前に何ができるのか。今、社会的養護全体に問われている問題ではないでしょうか。

●自殺願望、自殺企図

死ねば楽になれるかな

毎日、死にたいと思って生きている。

施設を出てから、ただ、がむしゃらに働いてきた。私は、施設では手のかからない優等生だったと思う。職員の話をちゃんと聞いて、施設のルールも守って、高校も問題なく卒業して、寮付きの就職先もきちんと確保して、施設を退所した。

働きはじめて7年目のある日、自分のなかでぷつんと糸がきれたような、電池がきれたような、そんな音がした。

気付いたら、外に出ることもできず、誰かと話すことも億劫《おっくう》になり、食事は弁当やカップ麺になり、自炊は全くしなくなった。最近は、食べることも面倒に感じる。

アパートの部屋はゴミ溜め。

片付ける気力もないし、きれいにしようという気持ちにも、なれない。なんでこんな状況になってしまったのか、わからない。

仕事がクビになったわけでもなく、恋人にふられたわけでもなく、誰かから貶《おとし》められたり、危害を加えられたわけでもない。

これほど死にたいと思っているのに死ねないのは、私のからだが、生きたいと叫んでいるからなのか。こころでは死にたいと叫んでいても。

でも、生きているのは本当につらい。死んで楽になりたい。楽になれるかどうかわからないけれど、生きることから解放されたい、と思いながら生きている毎日だ。

かかわりのヒント

退所者の方に死にたいと相談されたとき、私たちはどんな対応をするのが望ましいでしょうか。

「死ぬなんて言ってはだめ！」「命を粗末にするなんて」などの、死にたいという気持ちをジャッジしたり、否定するようなコメントは避けたほうがいいかもしれません。死にたいと思うことに罪悪感を抱きながらも、でも、その気持ちをコントロールできないという方は少なくありません。

「それほどつらい思いがあるんだね」と死にたいという気持ちを認め、気持ちに寄り添うことは、死にたいという自身への最大の否定のなかで、「自分の気持ちを大切にしてもらえた」という小さな肯定につながることにもなります。

ただし、寄り添いのなかで、適度な距離感を保つことや、相談者と支援者が一体化しないことを意識することも、とても大事です。

気持ちに寄り添いながら、死にたい気持ちが少しでも緩和されるための具体的な支援や資源につなげていくことも必要です。精神科への通院やカウンセリング、その方にあった病院選びのサポートができるといいですね。

また、自殺願望がある方の支援は個々の支援でなく、チームでサポートできる体制が必要です。

命に関わるやりとりでは、私たちは敏感にならざるを得ません。そんななかで冷静な視点や判断を見失ったり、見誤ることも起きやすくなります。客観的なアプローチは、チームでの支援体制があって成立します。

●デートDV

彼の束縛や要求はエスカレートする一方で…

施設を出て、アパート暮らしを始めて1年が経つ頃、体調を崩した。休みが続いたことで、アルバイトのシフトが一気に減らされて、家賃の支払いが滞るようになった。

未払いが3か月目に入ったとき、大家さんから今月中にアパートを出るようにと言われた。私が家のことで悩んでいると、アルバイトが一緒だった彼が、

「家にくれば？」と言ってくれた。それから、すぐに私と彼はアルバイトの同僚から恋人に変わった。

つぎの入居費用が貯まる数か月を、世話になろうと思った。

正直、彼は私のタイプでは全くなかったけれど、タダで住まわせ

てもらっているせめてものお礼で、毎晩、体を許した。

彼の家に住み始めて間もなくすると、

彼は「佳子はずっと家にいたらいいよ」と言いだした。この家のアパート代はもともと俺が払ってるし、食費だって女子1人分増えるくらい、俺のバイト代でなんとかなるっしょと言ってくれた。その頃、まだ体はしんどい時期だったから、彼の言葉はとてもありがたかった。

家事と彼の性的欲求に応えることで、私は同棲《どうせい》させてもらうことを維持していた。

ふたりでの生活を重ねていくうちに、彼は出会った頃とはまるで別人のようになった。よく言えば自信をつけて男らしい感じになったけど、口うるさく私のすることになんでも干渉するようになった。

体調もだいぶよくなり、

「新しくアルバイトを始めたい。このままずっと一緒に住まわせ

てもらうわけにもいかないし」と話すと、

「仕事なんて、やんなくていいんだよ」と強く言われた。

それでも働きたいと食い下がると、

「仕事は、俺が家にいる時間はやるなよ」と制限された。

「なんで?」と聞くと、

「今までタダで住まわせてやってんのに、なんでとかイチイチ聞くんじゃねーよ」と、いきなり髪の毛をつかまれて言われた。

びっくりして、何も言えなくなった。


彼より遅く出勤し、彼より早く家に戻らなければならない仕事はとても限定されたし、アルバイト代もなかなかたまらない。そして、稼いだお金は全部彼に報告して、家賃代、食事代と徴収され、手元にはわずかなお金しか残らなかった。

彼の束縛や要求はエスカレートする一方で、気付くと、私は同棲相手から、奴隷のような扱いを受けるようになっていた。

逃げたいけど、逃げられる場所もお金も私にはない。

かかわりのヒント

ＤＶ被害者が、被害を受けているという認識を持つことはとても難しいことです。「支配」も見方を変えれば、「相手を思うからこその想いや心配」と捉えられます。いくつも見えない支配が積み重なり、マインドコントロールされていきます。

ＤＶから逃れることは、相当な強い意志と労力と勇気が要りますし、ＤＶ加害者は支配することを簡単には手放そうとはしません。親や家族がいない施設退所者の方は、頼れる選択肢も限定され、ＤＶ被害に陥りやすい状況にあると言えます。

支援者は、退所者がおかれている生活のなかでＤＶ被害を受けていないか（または加害者となっていないか）、早期に気付いてあげることが必要です。

また、施設在籍中に子どもへの人権教育のなかで、境界線を守ることの大切さやジェンダー教育などができると、被害・加害を防ぐ一助にもなると思います。

●高校中退、性風俗

かわいいって本当かな?

私は、母から虐待を受けてきた。
母には、代わる代わる新しい男ができて、
男とうまくいっているときは、私は邪魔者扱い、
男とうまくいかないときは、私を殴って、はけ口にした。

母や男たちが私をみる目を、今でも時々思い出す。
いつも汚いものをみるかのように、蔑むように私を見た。
学校でも「キモイ」「ブス」「整形しろ」と、
クラスの奴らに毎日のように言われていた。

私は、自分の何もかもが大嫌いだった。

小5で、施設に入った。
どこにいても、だれからも、嫌がられる私だったから、
どこで生活しようがかまわなかった。

でも、施設で私は変わった。
私をかわいいと言ってくれる職員がいた。
「笑うとホントにかわいいよね！」って。
笑うとかわいい……
そんなこと言われたの、生まれてはじめてだった。
私がかわいい？　ホントに？
こいつ頭がおかしいか、めちゃめちゃ視力悪いんじゃねーのって
思った。

その職員は、
私に自信をつけさせてくれた。
私をいっぱいほめてくれて、

私にはたくさんの能力があるって、勉強もできるって、
そいつがあんまり言うから、本当にそんな気になってきて、
まさか、高校まで受かってしまった。

職員と抱き合って喜んだなぁ。
高校に合格した瞬間のことは、
私にとって、今まで生きてきたなかでの最高の思い出。

高校はしばらく楽しかったけど、
また「キモイ」とか「ウゼェ」とかと言われるようになった。
高2のときには、もうどうでもよくなって、
学校は行かずに、街ぶらついたり、夕方まで寝てたり……

結局、高校は中退して、施設も出なくちゃならなくなって、
自立援助ホームや、住み込みの仕事を転々とした。
親を頼れないし、高校中退の私には、
将来を夢みたり、生き方を選んだりなんてできなかった。

私が行き着いたのは、風俗で働くこと。
自分で選んだ仕事だけど、ここに行き着くしかなかったようにも思う。でも、やっぱり自分で選んだ。

私をずっと応援してくれていた職員に、風俗で働きはじめたことを伝えたとき、すごくショックを受けていた。風俗で働くことのリスクを、何度も話された。

でも、私にとっては大切な仕事だった。

いま、職員は私の仕事もすべてをひっくるめて、私を受け入れ、認め、応援してくれている。

風俗の仕事も、一生できる仕事じゃないから、そろそろ、次のことも考えていかなきゃいけない。

かかわりのヒント

性風俗業で働く女性に対して、ネガティブなイメージを持つ人は多いことでしょう。「身体を売り物にして、安易に稼ぐなんてモラルに欠ける」「〝性〟を商売にするなんて言語道断」といった強い批判を聞いたことがあります。

一方で、サービスの受給側（つまり「買い手」）や、供給側の事業主を批判する声は比較的弱いように感じるのはなぜでしょう。それどころか、性風俗業者を指して「貧困女性のセーフティーネット」等と報じられたこともあります。

こうしたところからも、日本には女性に厳しく、男性に甘い社会風潮があるように感じられます。

支援者の立場としては、やはり性風俗業への従事というのは最も避けたい事象のひとつです。自尊感情の低さからこうした仕事に就いて、自尊感情が回復するとは考えられません。望まない妊娠や性病などのリスクも増大します。決して「セーフティーネット」などと呼べるものとは考えられません。

支援者として必要なのは、こうした仕事に就く人を批判するのではなく、より安全な居場所を早い時期に提供することです。一度こうした仕事に身をおくと、別の仕事に切り替えるのは簡単ではありません。

性風俗業に従事する施設出身者の多くが、高校中退以下の低学歴のまま施設を退所していると考えられます。高校を中退したからといって、施設を出て働かなければならない法的根拠は全くないにもかかわらず、こうした状況が続いているのは退所者個人の問題ではありません。

施設あるいは支援者としてすべきなのは、たとえ高校になじめずに中退しても転校等により就学を継続すること、少なくとも高校卒業までは入所による支援を継続することです。そして、高校卒業後の上位校進学まで支援できるようになれば、子どもたちの生きる意識が変わります。加えて、日常の関わりのなかで子どもが「大切にされている」「自分には価値がある」と感じられることが何よりも重要です。

その日暮らし

●高校中退、就労

施設を出たのは、16のときだ。

県立の高校に入ったはいいけど、全然なじめず、半年もたずに中退した。

高校に入れなかったら、施設を出て働かないといけないって、ずっと言われてたから、中退でも同じことなのはわかってた。

自立援助ホームで8か月間、アルバイトで貯金して、アパートを借りた。

ここからは、ちょっとばかりキツかった。

一人で生活を始めてみて、自分が何も知らないこと、何もできないことを思い知った。

保証人不要のアパートだったけど、1年もしないうちに家賃滞納で追い出された。
今はインターネットカフェで寝泊まりしながら、日雇いの仕事をしている。

倉庫の仕分けやオフィスの引っ越し、イベントの交通誘導……。
いつも決まった仕事があるわけじゃない。
朝早くから並んだのに、定員に達したからといって、仕事もできずに帰されることもある。そんなときは、交通費も丸損だ。

仕事では毎回、色んな人に出会う。
正直、人のことなんかに興味はないから、自分から周りに話しかけることはないけど、なぜかやたらと話しかけられる。

親と離れて施設に入ったこと、施設を出た後のこと。

目を潤ませながら、「若いのに大変だな」って言うおじさんたち。

あっちはあっちで、若くないのに大変そうだ。

みんなそれなりに色々あるだろうし、自分だけが苦労してるとか
不幸だとかは思わない。毎日がそんなにつらいわけでもない。

この先、こんな生活がいつまで続くのかはわからない。

期待もないし、怖さもない。

積極的に生きたいわけじゃないけど、わざわざ死にたくもない。

「死ぬ理由もないから生きてる」

これが、今の俺にぴったりの言葉だね。

かかわりのヒント

児童養護施設で暮らす子どもたちは、入所に至るまでの不安定な養育環境等の影響から、学力や対人コミュニケーション能力が年齢相応に育っていないことが珍しくありません。結果、高校に入学できない、あるいは中退してしまう子どもも2～3割程いるものと考えられます。

こうした場合、事例のように施設を出て就労自立を求められる慣習がありますが、法的根拠もなく、適切な対応とは言えません。これは、児童相談所と施設の双方の問題です。

国はこうした状況を改めるよう、通知を出しています（「児童養護施設及び里親等の措置延長について」２０１１年12月28日）。

高校に入れない、あるいは中退してしまう子どもこそ、引き続きの保護と教育が必要です。施設関係者がこれを怠って子どもの「自己責任」を問い、退所を求めれば、子どものその後の人生は展望を欠いた、極めて不安定なものになりかねません。

全日制の公立高校に進路を限定し、入学できない、あるいは中退したことを理由に就学を打ち切るのではなく、これに代わる多様な進路を保障し、法令に沿って18歳を最低期限として入所支援を継続することが不可欠です。

●大学進学

大学行くなんて考えたことなかった

高3になり、自立、自立とやたら言われるようになって、
正直、うんざりだった。
高校を卒業したら、施設は出なくちゃいけないんだから仕方ない。
でも、自立と言われても、
俺には何をしたら自立なのか、
自立するためにどうしたらいいかなんて、
わからない。

施設を出てからの生活を想像することは、
正直こわい。

だから、将来についてなんか考えたくないし、
向き合いたくなかった。

「施設出たら、働きゃいいんだろ」
「それで文句ないだろ」
こんなふうに……
職員と話すことも、
自分の気持ちと向き合うことも、ずっと避けてきた。

そんな俺の気持ちを無視して、
職員は、聞きたくもない情報をいちいち話してきた。
そこには、進学についての情報もあった。

自分が高校を卒業してから進学するなんて、
まさか考えたこともなかったけど、
職員はしつこかった。
職員は「可能性」と「実現するための方法」を、

こまかく、やさしい言葉で何度も話してきた。
気付いたら、俺のなかで、
「大学に行けるなら、行ってみたい」という気持ちが芽生えていた。
職員は、一番大切なのは俺の気持ちだと言った。

進学することなんて考えたこともなかった俺が、
学ボラ（学生ボランティア）に勉強を教えてもらうようになったり、
学園祭に行ってみたり、
そんなことをしていくうちに、
どんなことを学びたいか考えるようになった。

学力、学費、進学後の生活……
進学するために、たくさんの問題があるけど。
一人ではもちろん、解決できないけど。

やるだけやってみてもいいか、と思えるようになってきた。

実現するかどうかも、まだわからないけど。
学校に行きたいと、
いろんなことを始めていくうちに、
気持ちがむしゃくしゃすることが一気に減った。
実現するかどうかも、まだわからないけど。
おだやかな気持ちで、
いま過ごせている。

かかわりのヒント

Q. 施設で生活している子どもは、大学進学できますか?

A. かつては条件がかなり厳しく、限りなくNOに近いYESでした。今は本人と施設次第でどうにかなる可能性が高まりつつあります。

具体的には、奨学金の種類が大幅に増え、経済的な支援の選択肢が増えています。本人のやる気や努力次第で、返済不要の奨学金等も利用できることから、以前のようにアルバイトに追いまくられ、勉強との両立が超ハードというケースばかりではなくなってきています。

そのためには、本人の努力だけではなく、施設職員の情報収集力が必須となります。様々な奨学金の取得資格や申し込み期間、必要書類の作成のための情報を、進学を希望する子どもにしっかりと提供するためには、相応の準備と取り組みが必要です。

現状では、進学支援に関して、まだまだ施設間格差や地方間格差が存在することは否めません。また、日本学生支援機構の奨学金を利用する場合、返済が必要となるため、大学等を卒業後、社会に出るそのときから、多額の借金を背負っている状態となります。そういう意味では、まだ課題は多くあるけれども、本人と施設の努力次第と言わざるを得ないのです。

一方で、進学を希望する可能性のある子どもに対して、どのように情報提供をしているかという施設の姿勢も問われていま す。自己肯定感が低く、学習意欲に乏しい子どものほとんどが、大学等へ進学できる訳がないとはじめから思っています。それも、なんの根拠も情報もないまま、ダメだと決めつけている場合が多いのです。

施設を退所した後の具体的な生活や将来設計等を、イメージできるように話していくなかで、進学は選択肢のひとつとして排除すべきではないでしょう。そのためには、施設職員が情報を持っていなければ、適切な自立支援はできないことになりま す。

◎コラム

これからあるべき社会的養護
――子どもが地域で主体的に生活するために

日本の社会的養護の大半は、表1および表2のように児童養護施設を中心とする施設養護です。国の内外で、社会的養護の下の子どもの数に対する施設養護の割合が、先進諸国に比べて極端に高いという批判があります。これに対して国は、都道府県に「都道府県推進計画」、各施設に「家庭的養護推進計画」の策定を求めました(1)。里親委託を増やすこと、施設の生活集団の規模を縮小し、一般家庭の形態に近づけることが主な目的です。

筆者も、こうした流れそのものに異論があるわけではありません。しかし一方で、以前から二つの大きな違和感を覚えています。

違和感その一は、社会的養護の人口比の問題です。国や様々な団体・個人が、社会的養護の中の子どもの人数比を専ら問題にします。しかし一方で、その人口比や児童の実数は論じられません。なぜでしょうか。

というわけで、データを集めて表2を作成してみました。一目で分かるのは、日本が突出して社会的養護の子どもの人口比が低いということです。その割合はアメリカやイギリスの約3分の1、ドイツの6分の1です。また、「日本で極端に多い」といわれる施設養護は、実数でドイツ・アメリカが大きく上回っています。こうした認識は、業界内で全く共有されておらず、情報の偏りを強く感じます。

施設にしても里親にしても、制度や形態が各国で異なるので一概には比較できません。例えば、日本では長く「親族里親」は社会的養護の類型に位置付けられておらず、現在も登録には様々な要件が必要です。「日本では里親制度はなじまない」などと、委託数の少なさを文化背景に理由づける向きがあります。しかし、そもそも三親等以内の親族が親に代わって子を養育しても、社会的養護としての里親に見なされてこなかった実情もあります(2)。

このようなことを考慮に入れても、数の上で日本の施設養護は決して多くないということが分かります。施設が多いのではなく社会的養護の総体が少ないので、その中での割合だけを問題にすると「施設を減らすべき」という発想になるのです。「施設か、里親か」といった形態的二元論ではなく、社会的養護が総体的に質・量共に十分なものになっているかを問題にする必要があります。

違和感その二は、子どもの地域生活の主体性・連続性が全く重んじられていないことです。子どもを養育するには「家庭」「学校」「地域」という三つの柱が必要です。社会的養護が必要となるのは、「家庭」の養育機能が十分に働かなくなった場合がほとんどです。しかし、「学校」「地域」との関係を継続して活かせる場合であっても、保護が必要とされた子どもは、これら三つからいっぺんに引き離されます。

国や有識者が今後の社会的養護を論じるとき、専ら課題として挙がるのは前述したような形態論です。しかし、施設であれ、里親であれ、子どもが生活の主体者として重んじられずにたらい回しになっている現実は変わりません。

このような経過の中で、子どもたちは著しく自尊感情や学力を削がれています。電車に乗って通勤する生産年齢の我々は忘れがちですが、子どもにとって学校や地域のもつ意味は計り知れません。かつて障害者福祉や、高齢者福祉で論じられたように、子どもに対しても地域生活の連続性を第一に考える必要があります。

これら二つの違和感は、筆者にとっては社会的養護のあるべき姿を確信させるものです。「コラム　児童虐待とは」（137頁）でも述べているように、日本では多くのひとり親が公私共に十分な支援を得られない中で、無理な子育てを強いられています。親が子育てを自力で頑張るか、施設や里親に預けるか、といった二者択一を早晩解消する必要があります。

地域で社会的養護をもっとカジュアルに利用しながら、親は無理のない子育てを継続する。子どもたちは一時あるいは時々、地域の施設や里親の元で生活しても、転校もせず、友達とも別れなくてよい。そうした、新たな子育て支援の仕組みを作ることが不可欠だと考えています。

「施設か、里親か」ではなく、「施設も、里親も」です。どちらも家庭の子育てのバックアップを第一義とし、地域でネットワークを形成する。入所型支援だけでなく、訪問型支援、虐待防止プログラム等の研修実施等、多様な支援を準備する。そして新たに「地域子育て支援センター」を創設して、これらをコーディネートする。

これらは途方もない理想論ではなく、児童養護施設がもっている機能や、地域に潜在している資源の活用によって実現し得るものだと考えています。子育てを親に押し付けたあげく、子どもをたらい回しにする社会の未来は明るくありません。子育て支援のあり方を、本気で考えなければならない時代であることだけは確かです。

（早川悟司）

†註

（1）2015年度を始期として2029年度までの15年間で、施設の本体施設、グループホーム、里親等の割合を3分の1ずつにしていくことを目指すもの。各施設は、併せて本体施設をすべて小規模グループケア（子ども8人以下の生活ユニット）にすることが求められた。

（2）日本における親族里親は2002年に制度化された。三親等以内の親族（祖父母、叔父、叔母など）の児童の親が死亡、行方不明、拘禁、入院や疾患などで養育できない場合の里親。

表1　社会的養護の類型と施設等数および児童数

種　別	施設等数	入所・委託児童数
児童養護施設	601施設	28,183人
児童自立支援施設	58施設	1,524人
情緒障害児短期治療施設	38施設	1,314人
乳児院	133施設	3,022人
養育里親	3,560世帯	4,636人
ファミリーホーム	223ホーム	約993人

出典：厚生労働省調べ（2014年度）

表2　社会的養護の国際比較

国　名	総人口	社会的養護総数（人口比）	里親等	施設等
日本	12,706万人	39,672人（0.03%）	5,629人	34,043人
イギリス	6,180万人	65,520人（0.11%）	48,530人	5,890人
ドイツ	8,175万人	148,065人（0.18%）	61,894人	65,367人
アメリカ	32,010万人	384,951人（0.12%）	301,867人	83,084人

出典：日本　；厚生労働省（2014）
イギリス；Department for Education（2011）
ドイツ　；Statistisches Bundesamt, Wiesbaden "Children and youth welfare in Germany Educational assistance Outside the parents' home"（2012）
アメリカ；Adoption and Foster Care Analysis and Reporting System (AFCARS) FY（2009）

3…新しい生活

●措置変更、たらい回し

私は私で生きていく

私は、どこにいても悪者だった。
そういう扱いを、ずっと受けてきた。
学校でも、施設でも、
私は、大人から責められつづけた。

万引き、夜遊び、酒、タバコ……

「いい加減にしろ」「何度言ったら分かるんだ」「今度やったら…」

言われるのは、そんな言葉ばかりだった。


お前ら皆、馬鹿か。

そんなんダメなことくらい、やっちゃいけないことくらい、わかってんだ。
やったら、怒られることくらいわかってんだ。
なぜ、私が問題行動ばかりしてしまうか、自分でもわからない。
はけ口が必要だからか、
わからない。
止められなかったのは、私だけのせいなのか。

中2の夏、
登校しようとした私に職員が、「これから児童相談所に行くよ」
と言ってきた。
意味が分からず「は?」と問い返したら、
「これだけやったんだから、わかってるだろ」だって。
一時保護所に入れられて1か月後、児童自立支援施設に連れて行かれた。
元の施設も規則とかうるさかったけど、こっちはハンパじゃない。

施設のなかにある中学校を卒業すると、父親の家に帰された。
一応、高校には入ったけど、1日しか行かなかった。

私は児相も施設も、くそくらえと思う。
憎んでさえいる。
私をたらい回しにした大人たちを、絶対許さない。

私は今、17歳でキャバで働いている。
私は一生、福祉の世話にはならない。

私は、私で生きていく。

かかわりのヒント

児童養護施設で暮らす子どもたちの多くは、家庭で適切に養育されず、大人から大切にされた実感を持てずにいます。結果的に、自分の存在も大切に考えることができずに、「どうせ、私なんて、俺なんて……」と、自暴自棄な行動を繰り返す子どももいます。

関わる大人に求められるのは、子どもの行動を咎《とが》める以上に、その存在を尊重することです。もちろん、社会生活上許されない行動は容認せず、代わりに取るべき方法を繰り返し伝えていかなければなりません。そのときに最も重要なのは、子どもの「行動」と「存在」をはっきりと分けることです。

問題に至った子どもの感情そのものを否定してしまえば、子どもは、自分の存在そのものが否定されたと感じてしまいます。どんな状況においても、子どもの感情や存在は否定せず、好ましくない「行動」だけを具体的に指摘し、それに代わる方法を共に考える姿勢が必要です。

関わる大人がこの姿勢を欠くと、子どもと大人の関係は上辺だけの、無意味どころか、ときにはマイナスなものになります。大人からみて「困った子ども」は、今まで大人との関わりで「困らされてきた子ども」に他なりません。

子どもの行動上の問題を理由に、児童養護施設では、児童自立支援施設等への「措置変更」を検討されることがあります。特に、施設内で性的なものを含む暴力が発生した場合に、「被害児童」と「加害児童」を分離する必要から、これが決定されることが多いと考えられます。そうした場合でも、主には以下の観点から十分な点検が必要です。

①問題となる行動へのペナルティとして用いられていないか。
②子どもの最善の利益に鑑みて、支援方針は選択し得るなかで最適か。
③措置変更後、さらには変更施設退所後までの継続した支援方針があるか。
④施設における集団生活が暴力（性暴力含む）を生みやすい土壌となっている可能性を認識し、施設の責任において再発防止策が講じられているか。

●親への思い

母への怒りが私の原動力だった

母は早くに父と離婚して、幼い妹と私を育てた。
夜も大抵、仕事で家を空けていて、
2つ年下の妹の面倒は、私がみていた。
夜通し、母が家に帰らないことも珍しくなかった。

妹と私は、保育園や幼稚園にも通っていなかったから、
昼間は2人だけで公園で遊んだ。
多分、髪なんかボサボサで、身なりが汚かったのもあるのだろう。
ある日、児童相談所の職員が来て、私たちは一時保護所に連れて行かれた。

妹が4歳、私は6歳だった。


私たちは、家から電車で1時間くらいの児童養護施設に入った。

母は昼間の仕事に就いていて、すぐに迎えに来ると言っていたが、最後まで、その日は来なかった。

面会の約束は毎週のようにしたが、いつもドタキャンだった。

はじめのうちは、泣きじゃくる妹を職員と一緒になだめていたけれど、いつからか妹は、母の約束に反応すらしなくなった。


それでも私は、毎週毎週、待ち続けた。

職員が「本当にお母さん、あてにならないね」と言うのが、何より嫌だった。

私だって毎回裏切られて、そのたびにやり場のない怒りや寂しさがこみ上げてた。

だけど、妹や職員と一緒になってひとたび母を否定したら、今にも切れそうな母とのつながりが本当に切れてしまう気がして、職員からの知らせに、ただ「うん、わかった」って、平静に答えるしかなかった。

中学生になる頃、母の居場所さえ、わからなくなった。
面会の約束を交わすこともできなくなり、母の「ドタキャン」もなくなった。
「私たちは捨てられたんだ」と思うのと同時に、なぜかフッと気持ちが吹っ切れた。
もう母を頼ろうにも、頼りようがない。
私は、私で生きていくと決意した。

それから部活も辞めて、とにかく勉強をした。
高校では早朝のアルバイトをしながら、大学に行くお金を貯めた。
そして大学を卒業し、競争の激しい外資系企業を選んで就職した。
残業もいとわず働いて、営業成績はいつもトップクラスだった。
受験に仕事、わき目もふらずに人と競い合ってきた。
その原動力となったのは、母への怒りだったのかもしれない。

去年、結婚して、仕事を辞めた。
母への怒りは、気付いたら、どこかへ行ってしまっていた。
私は今まで、何をそんなにムキになって頑張ってきたんだろう。
自分のなかに、ぽっかり穴があいたようだった。

私は2か月後、母親になる。

整理しきれない色々な思いとともに、
湧き起こる気持ちが抑えられなくなっている。

母に会いたい。

かかわりのヒント

施設で暮らす子どもにとっても、当然ながら親の存在は絶大なものです。この語りのように、関わりが希薄な親ほど、かえって子どもは反発さえできないということも見られます。また、特に幼児期には、たとえどんな虐待を受けていても、親を否定する子どもは極めて稀《まれ》です。大抵の場合は、「自分が悪い子だから」「行儀が悪いから」「かわいくないから」と、むしろ自らを否定します。こうした自己肯定感の低さは、もっとも大きな課題と言えます。

施設からの社会的自立に向けては、「親の存在を乗り越える」ことも必須となります。親の状態がどうであっても自分の価値は変わらないこと、独立した一人の人間として自分の道は切り拓けることを知ることが重要です。

そこにいたる途上では、親を否定したり、恨んだり、見限ることも必要な場合もあります。客観的に見れば、どの親にも苦労や子への後ろめたさを抱えている場合が多く、親を非難するのは適切ではありません。しかし、子ども自身だけは親を否定する権利もあると考えています。

　支援者の立場としては、子どもの言葉を否定も肯定もせず、まず気持ちに寄り添うことを第一にすべきでしょう。そして、子どもが自分自身の力で親の存在を越えていくために、持っている価値や力を伝え、見守り続ける姿勢が大切です。

●障害、障害者手帳

俺は障害者なのか？

俺は3歳のとき、施設に入った。

俺はそこで、虫けらのように扱われていた。

年上の奴らには、普通の家の奴らが聞いたら、どん引きするようなことをされ続けたし、職員は俺をゴミのように扱った。

その施設での記憶は消している。

消しきれない記憶は、思い出さないように、頭の奥の奥のほうへ追いやっている。

二つ目の施設には、中2で入った。

二つ目に入所した施設は、俺を虫やゴミみたいには扱わなかった。

俺はその施設で、はじめて人間としての扱いを受けた。

施設によって、こんなに何もかもが違うのかよって思った。

生まれてから一度も、人間扱いされたことがなかったから、

「大切にされる」ってことに、慣れるまでには時間がかかった。


俺は頭わりぃから、ごちゃごちゃ難しいこと言われると、頭んなかがすぐパニックになるけど、職員が話してくれることはいつもわかりやすかった。

俺に、わかるように話してくれていたんだな。

話し方ひとつにも、いろいろ工夫をしてくれていたんだ。

だから、二つ目の施設に入ってからは、大人たちが話してる意味がわかんなくなって、キレるってことがほとんどなくなった。


俺が中3のとき、俺は障害者手帳を取った。

この手帳を取るために、職員がいろんなところをかけずり回ってくれた。

偉そうにしてる児童相談所の奴とか、医者にも、俺に手帳が必要なんだと、必死で説得して、何度も頭を下げていた。

正直、「俺はこれから、障害者になんのかよ」って思った。

俺は、自分が障害者かどうか、手帳を持てるかどうか、どっちでもよかった。

でも、手帳を持つことも、障害者と認定されることも、不思議と嫌じゃなかった。

あんま、覚えてねぇけど、職員が手帳を持つ意味とか、得することとか、いつも説明してくれたし、
あと、職員が俺のためにやってくれてるのだけはわかってたから。

手帳を取った後、特別支援学校に入学した。
そして、障害者枠で大きな企業にも入社できた。
職員は皆、すっげえ喜んでくれた。
職員が喜んでくれて、俺も嬉しかった。
俺なんかが高校に行けたのも、立派な企業に就職できたのも、
俺が手帳を持ったからだ。俺が障害者になったからだ。

でも、いいことばっかじゃ、全然なかった。

俺が障害者とわかったとたん、
態度を変える奴、俺を見下す奴、差別する奴を死ぬほど見てきた。
特別支援学校のセンコーや、就職先の上司や同僚のなかにも、
「障害者だから」と、俺を下に見る奴がいた。

施設の職員は、
手帳は、障害者と認定されることは、
俺の支えになる、時には俺を守ってくれる、と言っていた。

でも、
手帳を取り、障害者と自分を認めることは、
自分の弱みを自ら見せるようなもので、
ひとから見下され、馬鹿にされるネタを与えることでもあった。

いつしか、俺は自分が手帳を持ってることも、自分が障害者であ

ることも、誰にも言わなくなった。

職員が、俺のためにと手帳を取ってくれたことは、
今でも感謝している。

ただこの世の中、職員たちみたいな理解ある大人ばかりじゃない。
そんな大人は一握りで、むしろ、障害者と聞いただけで、俺とい
う人間を勝手に決めつける奴がほとんどだった。

俺の身を守るのは結局、職員でもなく、手帳でもなく、
俺自身なんだ。
俺自身しか、いないんだ。

かかわりのヒント

障害という言葉にはどうしても負のイメージがつきまとい、差別を受ける可能性があることも否定はしません。ですが、障害判定をするための知能検査の結果も、その人の特性を数値で表したものに過ぎません。結局、その特性を本人がどのように受け止め、どのように生きていくかということが大切になります。そのために、私たち支援者には何ができるのでしょう。

まずは、進路選択です。どこでどのように教育を受けるか。そのことでどれくらい本人の力が伸びる可能性があるか。関係機関や保護者等による慎重な検討が必要になるでしょう。

そのうえで最も大切になるのは、本人の主体性です。自分にとって、その進路選択が有意義であることをしっかりと理解していることが重要になります。

そして、就職や施設退所後の生活場所の決定へと続いていきます。これらの選択は、人生設計において非常に大切なものばかりなので、当然のことながら悩みや迷いが生じることもあります。その時に私たち支援者がそばにいて、一緒に考えながら応援していくことが大切になります。一度や二度の失敗にめげず、すべての可能性を否定せずに、本人が納得できる人生を歩めるように根気強く支援していく姿勢が求められます。

また、施設入所中の支援のみならず、アフターケアの必要性もふまえながら、関係機関や様々な支援者との連携をしていくことが必要となります。

●借金、ネグレクト

〝しあわせ〟がほしい

私の生まれ育った家は、ゴミが散乱している家だった。
父と母は精神の病気があって、生活保護を受けて、暮らしていた。
ゴミの山のなかで生活をしていたけれど、その生活は特別なこと
ではないと思っていた。

私は施設に保護されて、
「ネグレクトという虐待を受けてきたんだよ」と施設や児童相談
所の職員に言われたけど、自分が虐待を受けてきたとか、親にひ
どいことをされたとか思ったことは一度もなかった。
でも生きていて、心から嬉しいとか、楽しいとか、感じた経験は
一度もなかった。

施設を出るときヘルパーの資格をとって、老人介護施設でずっと働いてきた。仕事は休まず行き、アパートの家賃や水道光熱費もきちんと払ってきた。


施設を退所してから5年、23歳の誕生日だった。

ある日、雑誌を読んでいると、

「このピアスで、あなたはもっともっとしあわせになれる!!」と書いてあった。


〝しあわせ〟

私はしあわせの意味はわかるけれど、自分がしあわせだと感じたことは、生まれてきてから一度もない。

〝しあわせになれる〟という言葉に、私は無条件に反応していた。

〝しあわせになれる〟という言葉を目にしたとたん、急にのどがからからになった。

私が生まれてから一度も感じたことのないしあわせ、私だってほしいと思った。

ピアスは10万円だった。カードのローンが組めるから大丈夫ですよと言われ、10万円の買い物はあっというまに終わった。

そのピアスで、自分が前よりしあわせになったのかは、わからなかった。その後、いろんなしあわせグッズの案内が私のもとに届くようになった。

ブレスレット、ガラスの置物、体を浄化する水……。次こそは次こそはとローンを組んで、気が付いたら、私の借金は５００万円以上にもなっていた。

たくさんの請求書が届き、月数千円の低額の分割払いにしても、私の給料では払えなくなって、家賃も滞るようになった。

差し押さえとか難しい言葉が並んだ文書を読むのもこわくなって、いろんな支払いの紙が届いても、封を開けずに捨てている。

携帯番号も変えた。

本当は引っ越しをして、住所も変えたいけど、そんなお金もない。

かかわりのヒント

数百万円という多額の借金を抱えるに至る背景を整理していくと、子ども時代の生い立ちや、虐待環境で育ったこととの深い傷つきへ行きつきます。特にネグレクトは、被害を受けたことへの自覚を持つことが難しく、自身の被害意識に対面しないまま、成長していってしまう一面もあります。

被害によって植えつけられた漠然とした不安、得られなかった愛情や喜びへの渇望等、心理的要因がいくつも見えてきます。こういった心理的要因を利用して、多額の借金へ誘導する仕組みがこの世の中には確実にあります。

借金をしてしまうことが、本人の無知や弱さ、管理能力のなさのみからでないことを、私たち支援者が理解することが大切だと思います。

借金問題を解決するには、弁護士や司法書士など専門家の力を借りることが望ましいです。貸し主との交渉は支援者が代理ですることも可能ですが、専門家の介入があったほうが手続きはよりスムーズです。

地域の消費生活センターにまず連絡をすることも、問題解決の糸口につながっていくでしょう。

不当な契約の解約、過払いへの対応など事務的な手続きは専門家の力を借りる一方で、借金に至ったプロセスを共にたどるなかで、心の奥にある思いや不安を一緒に整理できるといいですね。

買い物依存や、ギャンブル等、とめどなくお金を投入してしまう行動の背景にあるものを少しでも解明できることで、次の借金につながる機会は少なくなるはずです。

◎コラム

児童虐待とは
——支援現場の視点から

2000年に施行された、「児童虐待の防止等に関する法律」。これにより児童虐待が表1にある4つの類型で定義され、一般市民にも通告義務が課せられました。社会的認知の高まりと相まって相談件数は上昇し、過去15年で実に10倍以上となっています(1)。

虐待を受けた子どもを最終的に保護するのが、社会的養護の役割でもあります。そもそも、児童虐待とは何なのか。支援現場の視点から、あらためて問い直したいと考えています。

「虐待」という言葉は、強いマイナスイメージを与えます。ニュースやワイドショーで報じられるそれは、時に極めて苛烈で、親の悪意さえ感じさせるものです。結果として、「ひどい親」と「かわいそうな子ども」、こうした二者関係の問題としてあつかわれることが目立ちます。

しかし、表層のみを話題にしても、事態の解決には結びつきません。むしろ、その背景への社会的無理解こそが、これらを悪化させている要因である可能性があります。

表1　児童養護施設入所児童の被虐待経験

総　数	経験あり	種　類				経験なし	不　明
		身体的虐待	性的虐待	ネグレクト	心理的虐待		
29,979	17,850	7,498	732	11,367	3,753	10,610	1,481
100.0%	59.5%	42.0%	4.1%	63.7%	21.0%	35.4%	4.9%

出典：厚生労働省調べ（2013年2月現在）

児童養護施設に入所している子どもの約6割が、何らかの虐待を受けているとされます。その類型の中で、最も多いのはネグレクトです。

ネグレクトとは、「保護者としての監護を著しく怠ること」とされています(2)。これには積極的ネグレクトと、消極的ネグレクトがあるといわれています。つまり、保護者の故意による場合と、経済的理由等で結果的にそうなった場合があるということです。

実際に児童養護施設等に子どもを預けている保護者の状況は、「単身」「低学歴」「低所得」に加え、「社会的孤立」が特徴です。婚姻関係が継続していてもDV被害で夫から逃れているなど、実質的な母子家庭が大半を占めていると見られます。私たちはまず、こうした母子家庭の状況を知る必要があります。

日本では、とりわけ幼い子どものいる夫婦が離婚した場合には、特段の理由がない限り母親が親権をもちます。しかし一方で、元の夫が養育費を支払っているのは2割程度です。これを補う主な公的制度が児童扶養手当ですが、厳しい所得制限があり、満額受給できても3人の子に対して月額5万円に届きません。

シングルマザーの8割は就業しているものの、平均年収は183万円(3)。結婚や出産を機に一度は職から離れていることもあり、大半が不安定な就労を強いられています。その相対的貧困率は58%で、OECD加盟30か国中で最悪です(4)。

誰からも支えられることもなく、たった一人で子育てをしながら家計も背負う。昼間の仕事だけでは生活が回らず、子どもを家に残して夜間に水商売の仕事に就く……。こうした母子家庭の子どもが夜中に目を覚まし、母を探してさまよえば、ネグレクトの事案として通告されるのです。

子どもに対して、ネグレクトを含む虐待はいかなる理由があっても容認してはなりません。しかし、これを親子間だけの問題として捉えるのは誤りだと考えています。児童虐待の解決を探るためには、永きにわたって放擲《ほうてき》されてきたひとり親家庭への社会的ネグレクトに目を向けることが不可欠です。

(早川悟司)

†註

(1)厚生労働省の報告では、1998年度の6932件に対して、2013年度は7万3765件である。

(2)「児童虐待の防止等に関する法律」第二条の三。

(3)厚生労働省「平成24年国民生活基礎調査」。

(4)「相対的貧困率」とは、年間の所得が国民所得の中央値の半分以下の者が占める割合。

●宗教、勧誘

神様のハナシ

施設にいるときは、宗教とか全く興味なかった。
むしろ、キモイと思ってたくらい。

施設を出て一人での生活がはじまって、
仕事帰り、街を歩いてたら、
同い年くらいの、みためはギャルっぽい子に声をかけられた。
サークルの勧誘みたいな？　興味なかったけど、カラオケとか誘われて、一緒に行ったらめっちゃ楽しくて…、メアド交換して…、
私、友達ほとんどいなかったから、友達できたのが嬉しかった。
それから、毎日仕事帰り、遊ぶようになって。

あるとき、おばさんみたいな人を紹介されて、
そんときはじめて、神様がどうのこうのって話された。
神様とか、最初は正直どうでもよかった。
でも、おばさんの話、聞くたびに引き込まれていった。

みんなとは変わらずバカ話もするけど、信仰の話もする。
信仰の話はいやじゃない。
話してると、落ち着くかんじもあるし。

こないだ、施設の職員に信仰の話をしたら、
慌てて「そんなの信じちゃだめ!」って、青筋たてて怒り始めた。

かかわりのヒント

宗教と言っても、ひとからげにはできません。

また、信仰を持つことへの善し悪しを、簡単に判断することもできません。

新興宗教やカルトなどの注意が必要な場合には、正しい情報を得たうえでのアプローチが必要となります。

宗教自体が悪いものと決めつけるのもよくありません。自分のなかに拠り所となるものを持つことで、安心できたり、心の均衡が保てる場合もあります。

一方で、金銭を目当てにした危険が伴う搾取的な宗教もあったりします。

私たち自身の宗教観もみつめ考えることも必要です。介入が必要とされる場合は、冷静な判断と、弁護士や警察などの機関との連携も必要となります。

●生活保護

住むところを失う恐怖

18歳で施設を退所すると同時に、お菓子の工場で住み込み就職をした。週6日、朝7時から夜7時まで働いた。

休憩は午前中に30分、お昼に45分、夕方に30分。

寮は2人部屋だった。寮費には住居費、朝と夜の食事代、水光熱費が含まれていると言われていて、それが10万円。

私の手元に残るのは、3万円だった。

毎日働いて自由になるお金が3万円。そこから、携帯代や歯磨き粉とか生理用品とか、生活に必要なものを買うといくらも残らなかった。

その頃は、労働基準法とかなにも知らないし、自分のもらっている給料が低すぎるとかも思わなかった。

就職のとき、見送ってくれた職員が、

「頑張るんだよ。ここで働けなかったら、住むとこなくなっちゃうからね」と、私の手を握った。

住むところがなくなることは、とても恐怖だった。

だから、工場で働くことを、つらいとかしんどいとか、考えることもしなかった。


工場での仕事が丸3年になったある日、急に朝起きれなくなった。風邪でも病気でもないのに、布団から出ることができなくなって、そんな状態が何日か続いたら、いきなりクビだと言われた。

1週間後には寮を出てもらわなくちゃ困るからね、と言われた。

誰を頼っていいのかわからず、そもそも私には仕事も住むところもなくなると、頼るひともいないことに改めて気付かされた。

漫画喫茶（以下、漫喫）を転々として、仕事を探さなきゃと思っても、住所がない私はどこも受からなくて、結局、漫喫の客の男と何人か援交をして、漫喫代と食費を稼いだ。

漫喫と、援交相手の男の家に泊めてもらうことを繰り返しながら、

1年が過ぎた。

死のうと思い、ラブホで、薬を飲んでリストカットをしたとき、警察に連れてかれて、いまは生活保護を受けている。

生活保護の生活は、がむしゃらに働いていた頃と、経済的な窮屈さは変わらない。でも、時間の流れは驚くほど遅い。心を緩めると、すぐに死にたくなる。死にたい気持ちに支配される。

かかわりのヒント

様々な理由で働くことが困難な状況にある場合、「生活保護」を受給することは、生存権を守るための大切な権利です。

親や家族からの支援を受けることのできない退所者の方たちにとっては、「生活保護」は命を守るための大切なセーフティネットとなります。

ただ、生活保護の受給に至るまでのプロセスは容易ではないので、保護を受けるべき方のサポートはアフターケアの一環としてフォローする必要があります。

また、生活保護受給に至っても、社会復帰に向けての十分な支援がなされていないのが現状です。生活保護はあくまで住居と医療と最低限の生活を維持するための経済的支援と捉え、ケースワーカーと連携し、見守り、回復を促す継続的な支援が必要と言えるでしょう。

●就労

バカみたいに働かされて

最近は、施設からも、
大学や専門学校に進学するなんて話も聞くけど、
6年前に、俺が施設を出たときは、そんなこと考えもしなかった。
皆、高校卒業して就職・退所するのがゴールで、
高校中退して出て行った奴も少なくない。
職員はいつも、「高校だけはちゃんと出て、就職しろ」って言ってたけど、あの人たち、みんな大学出らしい。
要するに、俺らとは身分が違うってことか。

「職業選択の自由」なんて言葉を聞いたことがあるけど、全然ピンとこないね。

とにかく、ちょっとでも条件のいい仕事とは思うけど、選ぶのは会社の方だし。


今してるビルの警備は夜勤専門で、今までの仕事に比べたら収入はいいかな。

仕事もそんなにキツくはないから、当分は続けようと思う。


高校出てから、はじめは家庭用置き薬の会社に勤めた。

一応、正社員だったよ。

この仕事が、今までで最悪だった。営業、集金、薬の補充とかで一日中車で走り回って、事務所に戻ってからは、支店長からダメ出しばっかり。ときには大声で怒鳴られた。

本当にバカみたいに働いたけど、
給料なんか、高校生のバイトに負けるね。

施設の職員は、時々メールしてきて「仕事どう？」とか聞くから、いつも「問題ないよ」って返したけど、病む寸前だったよ。自分から辞めるとは言えなくて、だけど、ある日から身体が言うこときかなくて、パッタリ出勤できなくなった。

その後、会社から施設に連絡が行ったらしく、施設の職員が家に来た。
「そんなにつらくなるまで、どうして相談しなかったの？」って言われたけどさ。
相談できる感じじゃないでしょ、職員には。

結果、職員が会社に話してくれて、会社は辞めた。

その後2週間ぐらいは、抜け殻みたいになって休んでたかな。
とにかく働かなきゃ食えないから、ファミレスとかでバイトをはじめたけど、やっぱり人相手の仕事は無理かもしんない。

かかわりのヒント

近年は、施設からも大学等の進学が少しずつ増えてはいますが、大半が高卒以下で就労を目指している状況です。とりわけ、都市部において高卒以下の就労は非正規雇用に偏り、不安定なものが目立ちます。正規社員で雇用されても、いわゆるブラック企業のような劣悪な労働環境の職場もあり、楽観できません。

私たち施設職員は、生活の安定を願うゆえに「高校卒業」と「正社員」を目指すよう、子どもに伝えることが多いように思います。このときに気を付けなければならないのは、形ばかりの就職にとらわれて、子どもの主体性や適性を軽視してしまっていないか、ということです。

早い時期から子どもが社会や職業を意識できるように働きかけ「強み」を伸ばすこと、高校卒業後も上位校進学の途《みち》を可能なかぎり確保し、職業選択の幅を広げること、就労して施設を退所した後も、何もないときから連絡し合える関係を確保することが大切になります。

●結婚

職員の涙

施設での職について20年余り。

はじめて、かつての子どもの結婚式に呼ばれた。

優子は小学校に上がる頃、弟の慎也と一緒に、私が勤める施設へ来た。当時、新人だった私は、直接の担当ではなかったけれども、姉弟に対して、やや特別な思い入れがあったように思う。

2人の両親はある日突然、消息を絶ってしまった。原因はよくわからない。幼い2人を祖母が気丈に世話をしたが、経済的にも体力的にも無理があったようだ。

施設での生活が始まった後も、祖母はマメに連絡をしてきて、2人も祖母を慕っていた。

花嫁・優子の入場は、父の代わりに慎也がエスコートをした。凛々《りり》しく、立派だった。あの、甘ったれで、か弱い男の子ではなくなっていた。

新郎は、線が細くて頼りなくみえた。姉御肌の優子が選んだ相手なのは頷《うなず》ける。それでも、優子を裏切って無責任に逃げ出す男にはみえなかった。挨拶がてらに力いっぱい握手をしたら、意外なほど強い力が返ってきた。

新婦姉弟の親族としてはただ1人、祖母が列席をしていた。宴の終わり、新婦が涙にむせんで述べる感謝の言葉に、祖母は静かに泣いていた。

私はそれぞれの姿をみて、これまでを思い浮かべ、気付いたら号泣していた。

新郎、新婦にとって、今日がゴールではない。ここからの道のりの方が、はるかに長い。とはいえ、今日ばかりは感涙に浸りたい。

かかわりのヒント

施設で暮らす子どもや、退所した人の「家族観」も様々です。結婚に否定的で独身を通す人、「理想の家族」を求めて早くに結婚をする人……。

施設職員として、かつての子どもとの長い付き合いのなかで、様々なライフイベントに寄り添えるのはとても幸せなことです。結婚はそのなかでも、もっとも大きなもののひとつです。けれども、とりわけ20代前半以下の場合には、喜びよりも心配が上回ってしまうこともあります。

実際、この事例のように、相手の親族をはじめ、多くの人に祝福されて式を挙げることは少ないように思います。どんな人生も、結婚はゴールではなく、責任の伴う新たな生活のスタートです。それを、より多くの人に支えられ、見守られていることとの大切さを強く感じます。

施設から社会に出た人、とりわけ女性が、結婚や出産を機に社会から孤立をしてしまうことのないよう、息の長い見守りが必要です。

◎コラム

生活の場こそ豊かに
――支援者としての感性を育む

虐待を受けてきた子どもたちは、子ども時代を子どもとして生きてこられなかったことで、生きていくうえで一番大切なものを奪われてしまいます。それは「自分を大切に想う気持ち」です。

「自分には価値がない」「親にすてられた俺なんか死んだほうがまし」。虐待や不適切な養育によって、生きる意欲や未来への希望をも奪われた子どもたちが、もういちど「生きたい」「自分を大切にしたい」と思えるためには、寄り添い続けてくれる大人の存在が必ず必要です。

「生活を共にするなかで傷ついた子どもたちに寄り添っていく」私たちが担う役割は、虐待を受けた子どもたちが心身を回復していくために、決して欠くことのできない大切な支援です。

同時に、虐待を受けた子どもたち、虐待のトラウマを抱えた方の支援はときに、とても辛く厳しいものであり、自分がなんのために支援をしているのか目的をも見失いそうになってしまう過酷な現場でもあります。

生活を共にするからこそできる寄り添いと

サポートがあり、その日々の積み重ねがあって初めて、子どもとの信頼と愛着が芽生えていきます。

「生活のなかの支援」という重要な役割や意義が見いだせないと、「こんな仕事、だれでもできる」「子どもたちの世話をしているだけ」というものに成り下がってしまいます。

自分の立ち居振る舞い、表情、発する言葉ひとつひとつがどうあるかで、子どもたちへの寄り添いにもなるし、反対に回復を妨げるものにもなります。

また、子どもたちをとりまく空間が、心地よい、安心できる場所かどうかも、子どもたちの心の回復に大きく影響します。

とかく、福祉の分野では最低限の支援整備がなされればいいと捉えられがちなように感じます。施設にもっとお金をかけて、華美なものにしようというのではありません。私たちの感性と工夫とアイデア次第で、生活空間が彩られ豊かになり、あたたかさや心地よさが生まれることをもっと意識できればと思うのです。

心地よい空間のなかに身を置けることは、子どもにとってはもちろん、私たち支援者にとっても、落ち着いて穏やかな気持ちで支援をするための大切な要素ともなります。

私たちが日々の支援のなかでできる工夫は無数にあります。

例えば、子どもに伝える「おかえり」の一言に、〝おつかれさま〟の思いをこめて伝えるだけで、表情や声色は自然にあたたかみを帯び、子どもへの伝わり方も柔らかな心のこもった一言となるはずです。

例えば、スッキリと清潔な食卓のテーブルに庭の野花が空き瓶に飾ってあるだけで、ハッとしたり優しい気持ちになったりする子どもがきっといるはずです。

例えば、子どもが「喉かわいた～」と言ってきたとき、「今日は冷たいお茶とカルピスがあるよ」と選択肢を伝えてみる、そんな些細なことからも尊重されている感覚が生まれたりもします……。

もちろん、毎日できることと、いつもいつもは対応できないことがあると思います。「今日は特別だよ！」と伝えて、あえておまけをしてあげるのもいいと思います。

あちこちで暴れる子どもたちの対応に追われる毎日で、そんな悠長なことは言っていられない……。それも現実だと思います。

でも、自分の心に余裕をもつことや、整えられた生活空間をつくること、生活に彩りをもつことは、追われっぱなしの生活に変化をもたらす大切な一助となるはずです。それぞれの支援の場で、できる工夫を是非してみてください。

気持ちの豊かさが芽生えることで、支援することへの喜びや希望が増し、私たちの支援者としての誇りと自信にもつながっていきます。

大人が変わることで、子どもたちもぐんぐん変化していくでしょう。

身近にいる大人がいきいきと生活していることは、子どもたちの安定や活力にもつながります。すべてはつながり、循環しています。

日々の生活を大切に心地よくしていこうとすることで、私たちの感性もきっと磨かれていくと思います。

心豊かな気持ちで皆さんが支援できることを、心から祈り、応援しています。

（高橋亜美）

Ⅱ 私が大切にしていること

子どもの主体的成長を支える環境づくり——支援の標準化に向けて

早川悟司

飲食業からの転身

もともと私は、社会福祉とは縁遠い生活をしていました。大学入学は、1980年代後半のバブル全盛期。経営学科に籍を置きつつも、学業そっちのけでホテルの飲食サービス部門での仕事にのめり込みました。大学を卒業して就職するといった発想は全く持たず、自ら起業することだけを考えていました。浮かれた時代だったけれども、私なりに大真面目でした。

22歳の時には、競争の激しい都心の飲食店で運営を任されることになりました。一方で、私に仕事を教えてくれた当時の店長は、任を解かれることに。望んでいたはずのキャリアアップを、私は迷わず固辞しました。競争の世界で評価されて引き上げられても、達成感どころか虚《むな》しさしか感じられない。自分の居場所がそこにないことだけは、はっきりとわかりました。

数か月の逡巡《しゅんじゅん》を経て一念発起し、福祉系の大学に入り直す準備をはじめました。傍から見れば、一時の思いつきによる無軌道な選択に見えたかもしれない。それでも私にとっては、以来一度も揺るがない確信を得たのがこの頃でした。

父親からは理解を得られず、一度は戻った実家を決裂して離れました。ホームレス状態の日々を経て、建物の解体現場、ガードマン等、あえてそれまで馴染《なじみ》のなかった仕事で資金を蓄えようとしました。

成人でも、実親の後ろ盾がなければ容易にアパートも借りられず、正職にも就けない。予想をはるかに超える苦労がありました。これは、児童養護施設等から自立していく若者の生活と重なります。短い期間ではあったものの、現在の仕事を考える基となる貴重な体験でした。

何とか一人暮らしを始めながらも、学費を貯めるのは、やはり容易ではありませんでした。無駄にプライドだけ高く、音信すら断っていた私に、母親が人づてに援助をしてくれて、再進学が実現しました。

児童福祉との出会い

24歳で福祉大学の3年次に編入し、早々に実習先を決めることになりました。分野を決めかねていたところ、たまたま他学生の誘いで情緒障害児短期治療施設へ行くことになりました。期せずして、この実習がその後に進む道を決定づけました。

この施設ではコミュニケーションの粗暴な子どもが多く、泣きながら実習の中止を訴える学生もいました。「大変な施設」として名が通っていた場所での実習は、私にとっては夢中で過ごした濃密な日々でした。

入所児童の小学生11人のうち、実に10人が重篤な虐待を受けた子どもたち。とにかく乱暴に日々エネルギーをぶつけてくる彼らの内面と、成育歴に強い関心を持ちました。児童票や育成記録を閲覧する中で、彼らに共通する自己肯定感の低さと、背景にある貧困と暴力の世代間連鎖を知りました。

それまで試験勉強さえまともにしたことのなかった私が、はじめて本気で考え、学ぼうとしたように思います。その後、児童福祉・教育分野に絞って実習や勉強をし、当時はまだ蔓延していた「体罰」をはじめとする権利侵害が、児童の発達にとって極めて有害であることを確信しました。

児童相談所、児童養護施設、自立援助ホームでの実習や見学を繰り返す中で、とりわけ義務教育を終えた児童の自立支援や施設退所後の援助に関心を深め、実践現場での就職を目指しました。

児童養護施設の現場と支援の課題

念願が叶い、1996年の4月から都内の児童養護施設で働くことになりました。外から学ぶのと、実際に中を見るのとでは大きな隔たりがあります。以来、3つの施設で働く中で向かい合った主な課題と、私なりの見方を挙げていきます。

(1) 長く働き続けられる職場

最初の施設では職員の大半が私よりも若く、皆が法定勤務時間を超えて、しばしば休日返上で働いていました。3年目は中堅、5年目はベテランの位置付けでした。つまり、5年未満の離職が圧倒的に多いということです。職員の熱意とは裏腹に、早期の離職によって子どもたちは見捨てられ体験を繰り返していること、職員の支援技術の向上がままならないことを目の当たりにしました。

「一日の中で、子どもに『おはよう』『行ってらっしゃい』『おかえり』『おやすみ』を言うのは同一の職員であるべき」ということを、施設関係者からたびたび耳にしました。一日8時間の交替制勤務ではこれが難しいので、住み込み制や断続勤務(1)を採用する施設があります。しかしこうした施設では、職員が長年にわたり働き続けることは困難な傾向があります。

今日一日を考えれば、それによってケアの連続性が保たれます。しかし、最長16年余りにわたって子どもたちが施設で暮らしていることを考えるとどうでしょう。入所中に、担当職員が10回前後変わったとの話は稀《まれ》ではありません。施設退所後の援助、いわゆるアフターケアも施設の主要な役割とされますが(2)、職員が定着しない施設でこれを行うのは困難です。退所して数年後に施設を訪れたら、担当職員はおろか知っている職員がいない……。退所者の足は遠のき、アフターケアも絵に描いた餅になってしまいます。

今日一日の連続性をとるのか、長期間におけるケアの継続性をとるのか、悩ましい課題ではあります。それ自体が施設養護の限界であり、里親を推進すべきだとの意見もありますが、里親制度にも様々な課題があり、その数もなかなか伸びていません。

現制度の枠の中では完全な正解などないものの、社会的養護が公的制度である以上、職員や里親による法外な献身を前提にしてはならないと考えています。施設職員に対しても、労働基準法がしっかりと守られ、女性が産休や育休をとった後も働き続けられるよう、職場を健全化すべきです。こうした土台なしに、職員の支援技術向上や、アフターケアも含めた継続支援の実現は望めません。

(2) 子ども自身による主体的成長の支援

私が児童福祉を志したころ、まだ教育現場でも福祉現場でも、いわゆる「体罰論争」に決着がついていませんでした。体罰は元より明確な不法行為なのですが、これを「時には必要」とする論者・実践者は根強く存在していました。実際の施設現場でも同様で、体罰までいかなくとも、ルールを破ったら長期間にわたり外出が禁じられる等のペナルティも多用されていました。

これらは児童福祉法（第47条）に規定される「懲戒権」の濫用に当たります。児童が自ら考え、律する力をつける上では極めて有害と言えます。様々な論争の後、児童福祉法の改正(3)も経て、事態は収束したかにも見えました。しかし、現在は子どもの行動上の問題を理由に、向精神薬の服用や精神科の入院が強要される事例も見られます。これは体罰等に代わる新たな「懲戒権」の乱用であり、明確に禁じる必要があります。

どのような時代においても支援者は、子どもが最大限に自分らしくあり、自らの力を強めることで成長できるように助力しなくてはならないと考えています。

(3) 養育(生活)の質の向上

一つの生活ユニットにおける子どもの構成人数が20人以上の、いわゆる「大舎制」の施設は全国でいまだ半数程を占めています。大規模な生活集団では子ども一人ひとりの発達状況や特性に合わせた個別支援は難しく、紋切り型の規則や日課に縛られがちです。国も2029年までに、すべての施設の生活ユニットを子ども8人以下にすることを掲げています。

生活集団を小規模化し、一般家庭に近い形態へ近づけていくことの必要性に疑いはありません。しかし、今後も施設の形態のみならず、そこで展開される養育の質を問い続けなくてはなりません。施設で生活するがゆえに子どもの生活が制限されるのは、あってはならないことです。

第三者委員や実習生、ボランティア等、日常から外部の客観的視点も活用し、生活の質を不断に点検・改善することが必要です。衣食住の質が適切に確保され、職員や他の子どもと安定した関係が築ける、これこそが支援の基盤です。虐待の影響等から自尊感情を傷つけられた子どもの回復に向けた支援とは、こうしたことからはじまります。

(4) 支援の標準化

現在の社会的養護は、子ども自身がその利用を主体的に選択することは極めて稀です。ほとんどの子どもが、その意思とは無関係に元の家庭を離れ、行政に指定された施設へ入所しています。その結果として受ける支援に格差があることを、看過してはなりません。

中でも、義務教育修了後の支援において格差は顕著です。ある施設では地域の公立高校に合格して、施設のルールを守ることができなければ、退所して就労自立することが強いられる。一方で、ある施設では私立高校への進学も保障され、大学等の進学も支援される。この年代における支援格差は人生そのものに甚大な影響を及ぼし、後から取り戻すのは困難です。

施設による支援の格差は、主に「一般家庭との間」「自治体間」「施設間」「施設内」という4つのレベルが考えられます。それぞれに対して、解消・緩和を目指す取り組みが必要であり、それを「標準化」と呼んでいます。

「標準化」とは、支援の結果を同一化、あるいは均等化することとは異なる概念として用いています。支援の基準と、方法・手続きを共有することで全体的な水準を底上げし、「ハズレ」をなくすことを目指すものです。つまり、これは「個別化」と対抗するものではなく、むしろ「公平性」と「個別化」を両立するために、欠かせない方法論であると考えています。

その手立てとして、東京都社会福祉協議会児童部会・リービングケア委員会での継続的な研修、同委員会による『自立支援ハンドブック』(4)の発行、自立支援を専門に担うスタッフ(5)の配置と組織化といったことに注力してきました。本書の刊行もその一助になれば幸いです。

すべての児童の意思と可能性を変わらず尊重する、それが支援の「標準化」の目的です。

（5）脱・「自己責任論」

家庭での虐待を含め、適切な養育環境にいなかった子どもたちが施設に入所してきます。結果として、その多くは自尊感情がそこなわれ、学力は振るわず、時に様々な行動上の問題を表出します。

そうしたことから、子どもたちはさらに居場所を奪われることがあります。他生徒の学習の妨げになるので登校を制限される、施設のルールに従えないので一時保護所や児童自立支援施設等に送られる、といったことも稀ではありません。そして、子どもはさらに自尊感情と将来への展望を失い、負の連鎖へ陥っていく。

これを放置すれば、その将来は極めて不安定なものになることが予測されます。犯罪への関与、ホームレス、性風俗業での従事、ＤＶ、養護問題の再生産、薬物依存、自殺……。こうした問題をすでに有している人の過去を変えることはできません。しかし、目の前の子どもたちから、これらの将来的リスクを軽減することは充分に可能です。そのために私たち支援者は、いかなるときにも子どもの自己責任を問うことなく、教育的配慮に基づく支援を継続する必要があります。

自己責任を問わないということは、不適切な行動を容認するということではありません。すべきでない行動は確実に指摘した上で、代わりにとるべき行動を共に探る。子どもの行動を否定しても、存在は決して否定しない、という態度を一貫しなくてはならないと考えています。自己責任の名の下に、子どもに保障すべき支援が放棄されることがあってはなりません。

†註

（1）通常の「継続勤務」に対して、一日の勤務を2回に分ける「断続勤務」を採用する施設がある。子どもの起床・朝食・登校の支援の後、掃除や洗濯をして一旦退勤、子どもの下校時刻に合わせて再出勤、就寝まで勤務するという形態が主。一日の拘束時間は名目上8時間だが、筆者の経験では常に12時間を超えていた。職員が、自分の子育てと両立するのは極めて困難な勤務形態である。

（2）児童福祉法第41条に、2004年の改正で加えられた。

（3）児童福祉法第33条の10～17「被措置児童等虐待の防止等」。

（4）『Leaving Care——児童養護施設職員のための自立支援ハンドブック』東京都社会福祉協議会児童部会リービングケア委員会、2008年。

（5）国が自立支援を専門に担う職員配置の検討をはじめる中、東京都がこれに先駆けて独自の補助制度「自立支援強化事業」として自立支援コーディネーターの配置を2012年度よりはじめた。

相談者の幸せを願う伴走者として

高橋亜美

私は自立援助ホームでの支援スタッフとしての経験を経て、現在は「アフターケア相談所ゆずりは」でアフターケア専門の支援をしています。

ゆずりはでは、施設を退所された方々が社会生活の営みのなかで、ひとりではとても解決できない問題を抱えてしまったとき、私たち支援スタッフが相談者の方をサポートしながら、問題解決をしていくことを主な支援として運営しています。

具体的な相談内容は、「ホームレス状態で住む家がない」「パートナーから暴力をふるわれている」「家賃を数か月も滞納している」「多額の借金がある」「働くことができない」「望まない妊娠をしてしまった」など、多岐にわたります。

現在、相談所を開所して（2015年春で）5年目を迎え、毎年、年間1万件を超える相談をいただいています。メインスタッフ2名、サポートスタッフ3名の、計5名のスタッフで日々の支援をしています。

支援を通じての気付き——自転車で相談に来たYさん

ゆずりはが開所したての頃、一本の相談の電話が入りました。

夫からのDV被害に耐えられなくなり家出をして、漫画喫茶を転々としているという20代前半の女性からでした。

「相談にのってほしいので、いまからゆずりはに行っていいでしょうか」と切羽詰まった声が電話口から聞こえてきました。

私は「今日は夜までこちらにおりますので、ご都合のよい時間にいらしてください」と、少しでも安心して相談に来てもらえるようにという思いで、精一杯の対応をしました。女性は丁寧にお礼を伝えてくれ、「必ず今日中にお伺いします」と言い、電話をきりました。

電話をきってから数時間がたち、外が薄暗くなりはじめても、女性は現れません。何か事故でも起きたのか、または気持ちが変わってしまったのか心配していると、自転車を必死にこいで走ってくる女性が目に入りました。まだ春先の肌寒いなか女性は汗だくになって自転車をこいでいます。私がもしやと思った瞬間に、目の前で自転車が止まりました。

「ゆずりはさんですか？　遅くなってしまってすみません。さきほど電話をしたYです」と。

私は「わざわざ来てくださってありがとうございました」とまずお礼を伝え、

「どちらから自転車でこられたのですか？」とおそるおそる聞くと、

Yさんは恥ずかしそうに「K市です」と小さな声で言いました。K市はゆずりはのある場所から車や電車をつかっても1時間半はかかる場所です。途中道に迷ったりもあったものの、Yさんは5時間の時間を費やして、自転車でゆずりはまで来てくれました。

Yさんは夫から経済的なDVも受けていて、ほぼ無一文の状態でした。ゆずりはまでの交通費はもちろんなく、勇気をふりしぼってかけた電話口で、「交通費がない」ということまで伝えることはできませんでした。それでも一刻もはやく相談をしたいという思いで、自転車を走らせて来てくれたのでした。

支援を必要とし、相談をくださる方のほとんどの方が経済的な困難を抱えています。支援をすすめていくうえで、相談に伴う交通費や相談料等に関しての不安を取り除き、相談事に集中してもらうための配慮は、私が当然すべきでした。

私は自分の支援者としての配慮や心遣いのなさを本当に恥ずかしく思いました。そして、Yさんに遠い道のりを自転車で来させてしまったことを深くお詫びしました。

このYさんの相談以来、ゆずりはの支援は、〝待つ・来てもらう支援〟ではなく、〝こちらから積極的に出向く支援〟とし、可能な限りアウトリーチするスタイルに変わりました。

相談者の方が話をするのに都合のよい地域までお伺いし、最寄りの駅の喫茶店などで相談内容を聞かせてもらいます。また、相談をいただいた最初の段階で、「相談料は一切かからない」ということを、こちらから明瞭にお伝えしています。

このときのように、支援の失敗から気付ける配慮や、生み出される支援があります。実践の積み重ねのなかで生まれてくる支援や気付きは、相談者の声や思いをダイレクトに反映した必然的なものであり、教科書や机上の学びからはなかなか得られないものでもあります。また自分の失敗経験をもとに獲得したものなので、二度と同じ過ちはしないと身体に刻み込まれると私は感じています。

伴走者としての支援

私は支援者の役割をイメージするとき、長距離ランナーの伴走者を思い浮かべます。

伴走者である支援者は、相談者であるランナーの斜め後ろあたりで、時折声をかけ、励まし、サポートすることを伴走の基本スタイルとします。時には、ランナーの隣で同じ速度で走るときもあれば、少し前に出てランナーを先導しながら走るときもあります。

ランナーの状況に応じて、伴走スタイルは変わります。相談者の方が抱えた問題に安心して向き合い、解決していくために、支援者としての立ち位置や支援方法を状況に応じて変化させていきます。臨機応変に柔軟に、支援者としてのサポートに徹します。

一期一会の支援

私たちが受ける相談はカテゴライズやケース分けできたり、相談主訴が重なることもしばしばありますが、相談事案をひとくくりにしたり、「前回も対応した内容だ」と慢心せず、緊張感を持って対応することをこころがけています。そして、私が支援するうえで特に大切にしていることは、「臨機応変さと柔軟さ」です。

たとえば「多額の借金を抱えた方の支援」を行うとき、〝支援の目的は安全に債務整理すること、関わっていただく専門家は弁護士〟と、大枠の支援は定まります。ですが、支援に至るまでのプロセスや大切にすること・注意すべきことは相談者の方によって異なります。相談をしてくださる方、一人ひとりの生きてこられた人生をマニュアル化することはできません。１００人の相談があれば、１００とおりの支援があり、すべてが一期一会の支援なのです。

ゆずれない支援理念を持つ

私が支援するうえで、根底におく理念は「相談者が今よりも少しでも幸せに生きるために、私たちにでき得るすべてを尽力していくこと」です。「相談者の幸せを心から願い、こだわれる気持ち」がなければ、支援者としての活力やアイデアなど生まれないとも思います。

支援の礎《いしずえ》とする理念は、自分の揺るぎない・ゆずることのできない想いとすることで、より自分のなかで息づく理念になると思います。支援に迷ったとき、自分が何をどうしていいのかわからなくなったとき、支援理念を思い返すことで、ぶれていた基軸がまっすぐになったり、迷いがふっきれたりもします。

私たち支援者は相談者の方にとって、指導者でもなく管理者でもない、さらに言えば、親でもないし友達でもありません。支援者としての自らの役割や立ち位置を確認しながら、自分のすべき支援がぶれないように、相談者の方に伴走します。

相談者自身が幸せになりたいと思える支援を

私たち〝支援者〟の役割は、相談者の方に求めてもらうことで初めて生まれるのだと思っています。

相談者の方がいて、支援する私たちがいる。支援は一方的に提供されるものでも、提供するものでもなく、双方の共鳴や共感や協力体制があり成り立っていくものだと、相談者の方と協働して問題にむきあうなかで気付かせてもらったことでもあります。

特に、私のような想いがどんどん先走ってしまうような性分の持ち主は、困難な状況にある方を目の前にすると、ついあれもこれもとサポートしたくなってしまいます。また、支援者が代行や代弁してしまえば、簡単に事なきを得る問題も実際には少なくありません。〝力になりたいという想い〟自体はとても大切ですが、忘れてならないのは、問題を解決する主体者は相談者自身であるということです。

相談者の方の「問題に向き合う気持ちと、本来持っておられる問題解決する力」を引き出し、盛り立てていくことが私たちの役割でもあります。

言うまでもなく、私たちは相談者の方々の人生を代わりに生きることはできません。「相談者を幸せにしてあげる支援」ではなく、「相談者自身が幸せになりたいと思える支援」が、私たちに求められているのではないでしょうか。

伝え方こそイノチ

私たちの支援を左右するものは、「どう伝えるかに尽きる」と言っても過言ではありません。私は、支援の場面ではどんなときも、相手に伝わる言葉で、シンプルにわかりやすく、具体的に、率直な言葉で伝えることを大切にしています。

①問題解決のためにどんな手段があるのか、②それに伴うメリットとデメリットは何かを明確に伝えます。そして、支援をすすめていくかどうか、どんな支援を選ぶか、すべて選択するのは相談者自身であることもきちんと共有することが大事です。

伝えるとき、主語をはっきりすることも常に意識しています。「私は」「ゆずりはは」と、誰の意見なのか、考えなのか、思いなのかを明確にすると、意図や目的がぼやけませんし、自分が発する言葉への責任も増します。「皆は」「普通は」「一般的には」という主語は、支援するうえであまり効果的ではないことが多いと感じます。

また、支援を提供するうえで、できること・できないことの見極めと、線引き、相談者の方とのあいだの距離感は必ず必要となります。

支援の場面で、できることを伝えることはそんなに難しいことではないかもしれません。「できないことを伝えるとき」こそが、伝え方をどうするかによって相手の受け取り方が180度変わってしまう場面だと思います。

誠実に伝えることはもちろん、どうしてできないかの理由をわかりやすい言葉で添えることも必要です。また状況によっては、相談者の意向に添えないことへのお詫びをすることも必要となるときがあるかもしれません。

正しい支援に縛られない

相談者の方たちは、私たちが計り知れないほど理不尽で不当な扱いを受けてきました。正しさや正義など、なんの助けにもならなかったと思っておられる方も少なくありません。

私たちがあたりまえに提供しようとする「枠に収まった安全な守られた支援」は、支援者にとっては正しい支援かもしれません。ただ正しいとされる支援が、相談者の方にとって必要と思ってもらえる支援とは限りません。

正しく支援をまっとうするまえに、相談者の方が「受けるべき支援を正当に受けられるように」アプローチする工夫が私たちには求められています。それは、時にイレギュラーな、邪道と言われるようなアプローチ方法かもしれません。正しいかどうか、合っているかどうかにこだわりすぎると、難しい支援ほど行き詰まってしまうように思います。

相談者の方に、私たち支援者の価値観や道徳観を一方的に押し付けてしまっていないかも常に意識したいですし、時には自分の持つ価値観や道徳観などを手放すことが必要な場面もあると思います。

支援方法を開拓していく

トライしてダメだったときの相談者にかかる負担や傷つきを理由にして、もう一歩を踏み出すことを躊躇《ちゅうちょ》してしまうことはないでしょうか？ケースにもよると思いますが、「ダメもとで一緒に頑張ってみよう」と、とにかくやってみる第一歩をふみださないことには問題は変わらないままです。

時にはは み出す勇気や、イレギュラーな交渉、意表をつくようなアイデアで突破口が開くときもあります。一方向からの支援だけでなく、多角的な視点で問題を捉え解決の糸口を模索します。支援者間のつながりのなかで支えられ、助けられ、解決できたケースは、数えきれないほどあります。

前例がないという理由で、支援をあきらめないことも大切にしたいです。前例がなければ、「自分たちが前例となる支援をつくる！」そんな想いで支援の幅、深み、知恵を広げ深めていくパイオニア精神も持っていたいです。

自分の感情を大切にする

支援のなかで、相談者の方から受ける攻撃や、横柄と感じる態度や言葉に傷ついたり腹が立ったりしてしまうこともあります。本来なら、相談者の方がぶつけてくる怒りや、攻撃の背景にある感情をも支援者として受け止める度量があればいいのですが、簡単にはできないことだと思います。

私自身、相談者の方とのやりとりで、傷ついたり、怒ったり、落ち込んだりしてしまうことは、情けないことにしょっちゅうあります。

そんなとき、大きな支えとなるのが共に支援に携わっている仲間の存在です。自分が怒ったり傷ついたりしたとき、その気持ちをうやむやにせず、仲間に自分の気持ちを正直に伝えます。そして、その気持ちを受け止めてもらいます。

「気持ちを受け止めてもらうこと」は相談者の方を悪く言ったりすることではなくて、「感情を認めてもらうこと」です。感情を認めてもらえると、自然に怒りの溜飲《りゅういん》が下がったり、傷つきが和らぎます。

強い怒りや深い悲しみを抱えた相談者の方と向き合っていくためには、強い心や精神力を持つことよりも、自分の弱さや度量を知り、受け止めることが何よりも大事だと感じます。

そして、自分自身が自分の気持ちや感情に気付けることと、その感情を受け止めてくれる仲間の存在が絶対に不可欠だと思います。

さいごに

支援の積み重ねのなか痛感するのは、私たちが相談者の方に提供できることは本当にごくわずかなことしかなく、そのうえで、できることを誠実に尽力するしかないということです。ひとつの問題が解決したところで、その方が抱えてこられた深い痛みや苦しみがすべて消えてなくなるわけではないですし、劇的な変化も簡単には望むことはできません。同じ失敗や過ちを繰り返してしまう相談者も少なくありません。

支援することへの難しさや厳しさは、常に感じています。

支援者である私が相談者の方を傷つけてしまうときもあります。偽善者だと言われることも、何の役にも立たないと言われることもあります。

それでも、私は相談者に寄り添い、相談者の味方となる支援者でありたい。相談者の生きてこられた壮絶な生い立ちや、背負わされてきた苦難に思いを馳《は》せ、寄り添っていける支援者でありたいと思っています。

相談者の方の今日まで生きてこられたことへの敬意と、今生きていることへの感謝を忘れずに、自分のすべき支援と役割をこれからもまっとうしたいです。

やればできる、つながり支え合えばもっとできる

大森信也

転機

児童養護施設で働いていると、この業界には良い人が多いと感じます。それも度が過ぎると、良い意味だけではなくなります。確かに皆一生懸命に働いています。多少の不満があっても、無理して我慢もします。それが子どものためになると思えばなおさらです。でも残念ながら、そのことが必ずしも良い方向につながるとは限りません。施設が閉鎖的で情報が不足していると、子どものためにならないことに対しても、一生懸命になってしまうことがあるのです。

私の中で転機が訪れたのは、施設内虐待について知ったことがきっか

けでした。働き始めて10年になるかならないかくらいの頃です。それまでも、自分では一生懸命働いていたつもりでしたが、一段ギアが上がったような感覚です。施設にたどり着くまでにつらい思いを重ねてきた子どもたちが、施設の中でさらに権利侵害を受ける。この事実に強い憤りを感じると同時に、「何とかしなければ」という気持ちを持つようになりました。そういう視点で自分のいる施設を見直したときに、程度の差こそありましたが、課題がたくさん見えてきました。

「子どもたちのために何ができるのか？ 変えるとするならば、何をどう変えていかなければならないのか？」

大きなことをしたように誤解されそうですが、そうではありません。実際にしたのは、違和感を持ったことに対して、はっきりと言葉にするということでした。ただそれだけのことでしたが、ゆっくりと確実に、時には劇的に状況は変わっていきました。簡単なことのように聞こえるかもしれませんが、実は結構、勇気のいることでした。周囲の方々から助言もたくさんもらいました。何とかなったのは、子どもたちに対して申し訳なかったという強い気持ちを持ち続けたことと、支えてもらった職場の、そして職場外の皆さんのおかげです。

外からの刺激

自分の施設を何とかしてもっと良くしたいと思っていた頃、施設の外に出て、他施設の方々と話をする機会に恵まれました。その中で多くの方々から新鮮な刺激をもらいました。今回一緒に書かせてもらっている二人もそうです。二人に共通していたのは、一貫した熱い想いと実践に基づいた説得力でした。強く感銘を受けると同時に、自分の無知、無力さに恥ずかしくなるような感覚すら覚えました。冷静に考えればわかることなのですが、同じことができなくてもよい、でも学べること、真似してみることはできるはずと考えて、自分にできることを探してみました。

そう考え始めると、やるべきことはいくらでも見つかります。遅ればせながら勉強することが楽しくなりました。外に出ていって教えてくださいと頭を下げれば、皆親切に教えてくれることもわかりました。今まで自分たちだけでいったい何を悩んでいたんだろう、と思うくらいの変化がありました。

それと同時に、その頃の自分たちと同じか、それよりも単純なことで悩み苦しんでいる人も、実際にはたくさんいるのではないかと考えるようになりました。

後悔を力に

自分の力不足を実感したときに直面したのが、これまでの子どもともとの向き合い方に対する後悔でした。

特に施設内外でのいわゆる問題行動により、施設にいられなくなった子たちのことは何度も思い出します。その後、会って話ができるようになった子もいれば、どこで何をしているのかわからない子もいます。「どうしたら問題行動を減らせるのか、職員の気持ちをわかってもらえるのか？」そう考えていた時点で、すでに上から目線だったのかもしれません。「あの子たちは何に抗《あらが》っていたのか、どうすればそれは楽にできたのか。そのために私たちは何ができたのか、できなかったのか」。今ならもう少し客観的に見ることができます。そして色々な人に相談もできるし、対応策も幅広く、柔軟に考えることができるようになったと実感できています。

また、学力がありながら、経済的な理由で四年制大学への進学をあきらめざるを得なかった子のことも忘れません。「あの時もう少し自分が情報を持っていたら、もっと広く調べていたら、相談できる人脈を持っていたら……」。後悔の念をあげれば切りがありません。でも当の本人には申し訳ないのですが、その後悔があるから、今があるのもまた事実なのです。悔しい、申し訳ないという思いは、ネガティブな感情かもしれませんが、私を突き動かす原動力でもあります。絶対に戻れない過去であると同時に、いつまでも忘れてはならない私の原点となっています。

立場の変化

それから月日は流れ、グループリーダー、主任、副施設長と職場における自分の立場も変わっていきました。その間、色々と試行錯誤しながら取り組んできたのが職員の人材育成でした。取り組み始めた頃は、施設の中でも人材育成という言葉に抵抗感を覚える人の方が多かったように思います。「本当は自分たちが新人の頃にしてほしかったこと」という視点で、迷走しながらも今日に至っています。

実際に、自分自身がまだまだ未熟者で、たくさんの人に支えられながら今日までやっているという現状です。そんな私が、人を育てる立場につくこと自体、おこがましいという気にもなります。でも、人を育てるのに何も人の上に立つ必要はないということを、子どもたちとの関わりの中から学びました。

「職員の皆が安心して働ける環境を目指し、皆で協力してそれを守る。もし困っていることがあるとわかれば、どうすればそれを改善することができるのか。一人で悩むのではなく、できる限り皆で一緒に考える。自分たちだけでできなければ、さらに外部の力も借りる」。これは、子どもたちを支援するために必要な姿勢そのものでした。人材育成に取り組む過程で、子どもの自立支援と職員の人材育成は、実はとてもよく似ているということも教わってきました。「言うは易く行うは難し」を実感しながらではありますが、いつの間にかそれが当然のことになりつつあると感じます。子どもの自立支援に尽力している施設は、職員の人材育成にも一定の成果をあげているはず、と思うに至っています。

今、そしてこれから

約20年間、児童養護施設で働いてきて、おそらくこの辺りが折り返し地点なのだろうと考えます。これから、自分はいったい何を目指していけばよいのだろうと考えてみました。

社会的養護に関わっている私たちがしなければならないことは、本当にたくさんあります。おそらく一人ひとりの意識の上では、限界ギリギリでやっているという人が多いでしょう。だとしても、業界全体で見ると、今のままでは全然足りていません。では、どうすることもできないのでしょうか。いや、そうではないはずです。今までやってきたことを続けるだけではダメならば、今までやってこなかったことについても、考えてみればよいのだと思います。すでに誰かが始めていることもあるだろうし、まだ誰も考えつかないようなことが必要かもしれません。

つまり、与えられた仕事を粛々とこなしているだけではなく、変えていくための何かが必要だということです。言い換えれば、今まで子どもたちと一緒に生活していればよいと思っていただけの人こそ、他にもできることがあるということです。

こういうことを言うと、「わかってはいるけど、何をすればよいかわからない。一部の限られた人に任せます。そんな大それたことは自分には関係ない」といった声が聞こえてきそうです。でもそれは、社会的養護に無関心を装っている社会の声と何ら変わらないような気がしてなりません。

児童養護施設で働いていることで「えらいですね」と言われたり、施設で生活している子に対して「かわいそうな子」という声を聞くたびに、違和感を覚えます。どこかで対岸の火事のように感じているんだろうなという気がします。社会全体が、子どもの権利を守ることに真剣になり、必要な支援を当たり前に提供する。他人事ではなく、自分のこととして考えられるようにする。よく考えてみれば、それは自分たちのためにも必要なことだとわかるはずです。

話がどんどん大きくなってしまうのですが、どんなに頑張ってみても私一人ができることはたかが知れています。だから、皆で少しずつやっていく必要があるのだと思います。一人では自信がないことも、皆一緒だったら勇気が湧いてきます。昨日より今日、今日より明日、そして一か月、一年、そして十年、二十年後……。

私自身はこれからも多くの失敗を重ねながら、たくさんの方々の世話になっていくはずです。何か大きなことをしようという野心もありません。でもどうせなら、一人でも多くの良い《いい》人を巻き込みながら、一緒にやっていきたいと思います。

先人たちの尽力の上にある現状に甘んじることなく、これからを担う若い人たちに勇気を与えながら、自分にできることを突き詰めていきたいです。周囲への感謝の気持ちを忘れず、肩の力は抜きながら、でも後悔はしないように挑戦していけたら、言うことはありません。

おわりに

本書は、社会的養護の支援の現場で日々奮闘・格闘している仲間たちへのねぎらいと期待と感謝を、また、一般の方々への「社会的養護のもとで育つ子どもたちが抱えさせられる問題」を社会の問題として捉えてもらう意識の芽生えを、壮絶な子ども期を今生きている子どもたち、生き抜いてきたかつて子どもだった方たちへの改めての敬意を、……それらの思いを込めてつくりました。

施設に入る前、入所中、退所後、1人の子どもの命と育ちを支えていくことは親だけ、学校だけ、行政だけ、施設だけでは決して成し得ないことです。

子どもを真ん中に、大人どうしが信頼しあい支えあって、柔軟に多様に細やかにおおらかに見守っていくことが必要です。

すべての子どもたちが健やかに生きていける社会をつくっていくこと

に、もっともっとこだわり、アクションを起こせる社会であり、私たちであり、私でいたいといつも思っています。

施設にいても、どこにいても、社会に身をおく子どもたちが、あたたかいまなざしに包まれていることを願ってやみません。

子どもたちの存在そのものが、私たちの希望です。

共著者の大森さん、早川さん、編集者の深澤さん、このチームだからこそできた本書です。多くの皆さまに読んでいただけると幸いです。

2015年6月

アフターケア相談所 ゆずりは　高橋亜美

＊本書の売り上げの一部は、ゆずりは基金（施設を退所した方への就学支援金）に寄付されます。

著者プロフィール

高橋 亜美（たかはし・あみ）

1973年生まれ。2002年より、社会福祉法人子供の家が運営する自立援助ホームあすなろ荘の援助スタッフとなる。2011年、同法人が開所したアフターケア相談所ゆずりはの所長に就任。著書に、『愛されなかった私たちが愛を知るまで』（共著、かもがわ出版）、『施設で育った子どもたちの居場所「日向ぼっこ」と社会的養護』『子どもの貧困白書』（共に明石書店、分担執筆）等。

早川 悟司（はやかわ・さとし）

1969年生まれ。社会福祉法人子供の家・児童養護施設子供の家（東京都清瀬市）施設長。東京都社会福祉協議会児童部会リービングケア委員会副委員長、全国児童養護問題研究会組織部長、同・東京支部副支部長等を務める。進学支援をはじめとする自立支援の標準化に向けて、活動・研究・執筆を行っている。

大森 信也（おおもり・しんや）

1972年生まれ。児童養護施設若草寮施設長。全国児童養護問題研究会編集部員。同・東京支部支部長。『子どもと福祉』（明石書店）編集委員。現場からの発信の必要性を実感しながら、地道に活動を続けている。2019年2月25日逝去。

子どもの未来をあきらめない
施設で育った子どもの自立支援

2015年6月30日　初版第1刷発行
2021年10月10日　初版第5刷発行

著者　高橋亜美
　　　早川悟司
　　　大森信也
発行者　大江道雅
発行所　株式会社　明石書店
〒101-0021　東京都千代田区外神田6-9-5
電話　03（5818）1171
FAX　03（5818）1174
振替　00100-7-24505
http://www.akashi.co.jp
装丁　清水肇（プリグラフィックス）
印刷　モリモト印刷株式会社
製本　モリモト印刷株式会社

（定価はカバーに表示してあります）　ISBN978-4-7503-4212-2

JCOPY　〈出版者著作権管理機構　委託出版物〉
本書の無断複製は著作権法上での例外を除き禁じられています。複製される場合は、そのつど事前に、出版者著作権管理機構（電話 03-5244-5088、FAX 03-5244-5089、e-mail: info@jcopy.or.jp）の許諾を得てください。

施設で育った子どもたちの語り
『施設で育った子どもたちの語り』編集委員会編 ◎1600円

施設で育った子どもたちの居場所「日向ぼっこ」と社会的養護
社会的養護の当事者参加推進団体 日向ぼっこ編著 ◎1600円

社会的養護のもとで育つ若者の「ライフチャンス」
選択肢とつながりの保障、「生の不安定さ」からの解放を求めて
永野咲著 ◎3700円

ひとり暮らしハンドブック 施設から社会へ羽ばたくあなたへ
巣立ちのための60のヒント
林恵子編著 NPO法人ブリッジフォースマイル ◎1500円

ワークで学ぶ 子ども家庭支援の包括的アセスメント
要保護・要支援・社会的養護児童の適切な支援のために
増沢高著 ◎2400円

子ども・家族支援に役立つアセスメントの技とコツ
よりよい臨床のための4つの視点、8つの流儀
川畑隆編著 ◎2200円

子ども・家族支援に役立つ面接の技とコツ
〈仕掛ける・さぐる・引き出す・支える・紡ぐ〉児童福祉臨床
宮井研治編 ◎2200円

社会的養護の子どもと措置変更
養育の質とパーマネンシー保障から考える
伊藤嘉余子編著 ◎2600円

〈施設養護か里親制度か〉の対立軸を超えて
「新しい社会的養育ビジョン」とこれからの社会的養護を展望する
浅井春夫、黒田邦夫編著 ◎2400円

ソーシャルペダゴジーから考える施設養育の新たな挑戦
マーク・スミス、レオン・フルチャー、ピーター・ドラン著 楢原真也監訳 ◎2500円

ライフストーリーワーク入門
社会的養護への導入・展開がわかる実践ガイド
山本智佳央、楢原真也、徳永祥子、平田修三編著 ◎2200円

シリーズ・みんなで育てる家庭養護【全5巻】
相澤仁編集代表 ◎各巻2600円

やさしくわかる社会的養護シリーズ【全7巻】
相澤仁責任編集 ◎各巻2400円

里親と子ども 「里親制度・里親養育とその関連領域」に関する専門誌
『里親と子ども』編集委員会編 ◎1500円

そだちと臨床 児童福祉の現場で役立つ実践的専門誌
『そだちと臨床』編集委員会編 ◎1600円

子どもと福祉 児童福祉、児童養護、児童相談の専門誌
『子どもと福祉』編集委員会編集 ◎1700円

〈価格は本体価格です〉